贝克通识文库

李雪涛 主编

20世纪哲学简史

从胡塞尔到德里达

[德] 托马斯·伦奇 著

史良 译

北京出版集团
北京出版社

著作权合同登记号：图字 01-2017-7305

Phlilosophie des 20.Jahrhunderts Von Husserl bis Derrida by Thomas Rentsch © Verlag C.H.Beck oHG, München 2014

图书在版编目（CIP）数据

20世纪哲学简史：从胡塞尔到德里达 /（德）托马斯·伦奇（Thomas Rentsch）著；史良译. — 北京：北京出版社，2024.8
ISBN 978-7-200-16327-8

Ⅰ. ①2⋯ Ⅱ. ①托⋯ ②史⋯ Ⅲ. ①哲学史—世界—20世纪 Ⅳ. ①B151

中国版本图书馆CIP数据核字（2021）第010716号

总 策 划：高立志 王忠波	选题策划：王忠波
责任编辑：王忠波	责任营销：猫 娘
责任印制：燕雨萌	装帧设计：吉 辰

20世纪哲学简史
从胡塞尔到德里达
20 SHIJI ZHEXUE JIANSHI

［德］托马斯·伦奇 著
史良 译

出　　　版	北京出版集团
	北京出版社
地　　　址	北京北三环中路6号
邮　　　编	100120
网　　　址	www.bph.com.cn
发　　　行	北京伦洋图书出版有限公司
印　　　刷	河北鑫玉鸿程印刷有限公司
经　　　销	新华书店
开　　　本	880毫米×1230毫米　1/32
印　　　张	6.25
字　　　数	123千字
版　　　次	2024年8月第1版
印　　　次	2024年8月第1次印刷
书　　　号	ISBN 978-7-200-16327-8
定　　　价	49.00元

如有印装质量问题，由本社负责调换
质量监督电话　010-58572393

接续启蒙运动的知识传统
——"贝克通识文库"中文版序

一

我们今天与知识的关系,实际上深植于17—18世纪的启蒙时代。伊曼努尔·康德(Immanuel Kant, 1724—1804)于1784年为普通读者写过一篇著名的文章《对这个问题的答复:什么是启蒙?》(*Beantwortung der Frage: Was ist Aufklärung?*),解释了他之所以赋予这个时代以"启蒙"(Aufklärung)的含义:启蒙运动就是人类走出他的未成年状态。不是因为缺乏智力,而是缺乏离开别人的引导去使用智力的决心和勇气!他借用了古典拉丁文学黄金时代的诗人贺拉斯(Horatius,前65—前8)的一句话:Sapere aude!呼吁人们要敢于去认识,要有勇气运用自己的智力。[1]启蒙运动者相信由理性发展而来的知识可

---

[1] Cf. Immanuel Kant, *Beantwortung der Frage: Was ist Aufklärung?* In: *Berlinische Monatsschrift*, Bd. 4, 1784, Zwölftes Stück, S. 481–494. Hier S. 481. 中文译文另有:(1)"答复这个问题:'什么是启蒙运动?'"见康德著,何兆武译:《历史理性批判文集》,商务印书馆1990年版(2020年第11次印刷本,上面有2004年写的"再版译序"),第23—32页。(2)"回答这个问题:什么是启蒙?"见康德著,李秋零主编:《康德著作全集》(第8卷·1781年之后的论文),中国人民大学出版社2013年版,第39—46页。

以解决人类存在的基本问题,人类历史从此开启了在知识上的启蒙,并进入了现代的发展历程。

启蒙思想家们认为,从理性发展而来的科学和艺术的知识,可以改进人类的生活。文艺复兴以来的人文主义、新教改革、新的宇宙观以及科学的方法,也使得17世纪的思想家相信建立在理性基础之上的普遍原则,从而产生了包含自由与平等概念的世界观。以理性、推理和实验为主的方法不仅在科学和数学领域取得了令人瞩目的成就,也催生了在宇宙论、哲学和神学上运用各种逻辑归纳法和演绎法产生出的新理论。约翰·洛克(John Locke,1632—1704)奠定了现代科学认识论的基础,认为经验以及对经验的反省乃是知识进步的来源;伏尔泰(Voltaire,1694—1778)发展了自然神论,主张宗教宽容,提倡尊重人权;康德则在笛卡尔理性主义和培根的经验主义基础之上,将理性哲学区分为纯粹理性与实践理性。至18世纪后期,以德尼·狄德罗(Denis Diderot,1713—1784)、让-雅克·卢梭(Jean-Jacques Rousseau,1712—1778)等人为代表的百科全书派的哲学家,开始致力于编纂《百科全书》(*Encyclopédie*)——人类历史上第一部致力于科学、艺术的现代意义上的综合性百科全书,其条目并非只是"客观"地介绍各种知识,而是在介绍知识的同时,夹叙夹议,议论时政,这些特征正体现了启蒙时代的现代性思维。第一卷开始时有一幅人类知识领域的示意图,这也是第一次从现代科学意义上对所有人类知识进行分类。

实际上，今天的知识体系在很大程度上可以追溯到启蒙时代以实证的方式对以往理性知识的系统性整理，而其中最重要的突破包括：卡尔·冯·林奈（Carl von Linné，1707—1778）的动植物分类及命名系统、安托万·洛朗·拉瓦锡（Antoine-Laurent Lavoisier，1743—1794）的化学系统以及测量系统。[1]这些现代科学的分类方法、新发现以及度量方式对其他领域也产生了决定性的影响，并发展出一直延续到今天的各种现代方法，同时为后来的民主化和工业化打下了基础。启蒙运动在18世纪影响了哲学和社会生活的各个知识领域，在哲学、科学、政治、以现代印刷术为主的传媒、医学、伦理学、政治经济学、历史学等领域都有新的突破。如果我们看一下19世纪人类在各个方面的发展的话，知识分类、工业化、科技、医学等，也都与启蒙时代的知识建构相关。[2]

由于启蒙思想家们的理想是建立一个以理性为基础的社会，提出以政治自由对抗专制暴君，以信仰自由对抗宗教压迫，以天赋人权来反对君权神授，以法律面前人人平等来反对贵族的等级特权，因此他们采用各民族国家的口语而非书面的拉丁语进行沟通，形成了以现代欧洲语言为主的知识圈，并创

---

[1] Daniel R. Headrick, *When Information Came of Age: Technologies of Knowledge in the Age of Reason and Revolution, 1700-1850*. Oxford University Press, 2000, p. 246.

[2] Cf. Jürgen Osterhammel, *Die Verwandlung der Welt: Eine Geschichte des 19. Jahrhunderts*. München: Beck, 2009.

造了一个空前的多语欧洲印刷市场。[1]后来《百科全书》开始发行更便宜的版本,除了知识精英之外,普通人也能够获得。历史学家估计,在法国大革命前,就有两万多册《百科全书》在法国及欧洲其他地区流传,它们成为向大众群体进行启蒙及科学教育的媒介。[2]

从知识论上来讲,17世纪以来科学革命的结果使得新的知识体系逐渐取代了传统的亚里士多德的自然哲学以及克劳迪亚斯·盖仑(Claudius Galen,约129—200)的体液学说(Humorism),之前具有相当权威的炼金术和占星术自此失去了权威。到了18世纪,医学已经发展为相对独立的学科,并且逐渐脱离了与基督教的联系:"在(当时的)三位外科医生中,就有两位是无神论者。"[3]在地图学方面,库克(James Cook,1728—1779)船长带领船员成为首批登陆澳大利亚东岸和夏威夷群岛的欧洲人,并绘制了有精确经纬度的地图,他以艾萨克·牛顿(Isaac Newton,1643—1727)的宇宙观改变了地理制图工艺及方法,使人们开始以科学而非神话来看待地理。这一时代除了用各式数学投影方法制作的精确地图外,制

---

1 Cf. Jonathan I. Israel, *Radical Enlightenment: Philosophy and the Making of Modernity 1650-1750*. Oxford University Press, 2001, p. 832.

2 Cf. Robert Darnton, *The Business of Enlightenment: A Publishing History of the Encyclopédie, 1775-1800*. Harvard University Press, 1979, p. 6.

3 Ole Peter Grell, Dr. Andrew Cunningham, *Medicine and Religion in Enlightenment Europe*. Ashgate Publishing, Ltd., 2007, p. 111.

图学也被应用到了天文学方面。

正是借助于包括《百科全书》、公共图书馆、期刊等传播媒介，启蒙知识得到了迅速的传播，同时也塑造了现代学术的形态以及机构的建制。有意思的是，自启蒙时代出现的现代知识从开始阶段就是以多语的形态展现的：以法语为主，包括了荷兰语、英语、德语、意大利语等，它们共同构成了一个跨越国界的知识社群——文人共和国（Respublica Literaria）。

当代人对于知识的认识依然受启蒙运动的很大影响，例如多语种读者可以参与互动的维基百科（Wikipedia）就是从启蒙的理念而来："我们今天所知的《百科全书》受到18世纪欧洲启蒙运动的强烈影响。维基百科拥有这些根源，其中包括了解和记录世界所有领域的理性动力。"[1]

二

1582年耶稣会传教士利玛窦（Matteo Ricci，1552—1610）来华，标志着明末清初中国第一次规模性地译介西方信仰和科学知识的开始。利玛窦及其修会的其他传教士入华之际，正值欧洲文艺复兴如火如荼进行之时，尽管囿于当时天主教会的意

---

1 Cf. Phoebe Ayers, Charles Matthews, Ben Yates, *How Wikipedia Works: And How You Can Be a Part of It.* No Starch Press, 2008, p. 35.

识形态，但他们所处的时代与中世纪迥然不同。除了神学知识外，他们译介了天文历算、舆地、水利、火器等原理。利玛窦与徐光启（1562—1633）共同翻译的《几何原本》前六卷有关平面几何的内容，使用的底本是利玛窦在罗马的德国老师克劳（Christopher Klau/Clavius，1538—1612，由于他的德文名字Klau是钉子的意思，故利玛窦称他为"丁先生"）编纂的十五卷本。[1] 克劳是活跃于16—17世纪的天主教耶稣会士，其在数学、天文学等领域建树非凡，并影响了包括伽利略、笛卡尔、莱布尼茨等科学家。曾经跟随伽利略学习过物理学的耶稣会士邓玉函 [Johann(es) Schreck/Terrenz or Terrentius，1576—1630] 在赴中国之前，与当时在欧洲停留的金尼阁（Nicolas Trigault，1577—1628）一道，"收集到不下七百五十七本有关神学的和科学技术的著作；罗马教皇自己也为今天在北京还很著名、当年是耶稣会士图书馆的'北堂'捐助了大部分的书籍"。[2] 其后邓玉函在给伽利略的通信中还不断向其讨教精确计算日食和月食的方法，此外还与中国学者王徵（1571—1644）合作翻译《奇器图说》（1627），并且在医学方面也取得了相当大的成就。邓玉函曾提出过一项规模很大的有关数学、几何

---

[1] *Euclides Elementorum Libri XV*, Rom 1574.
[2] 蔡特尔著，孙静远译：《邓玉函，一位德国科学家、传教士》，载《国际汉学》，2012年第1期，第38—87页，此处见第50页。

学、水力学、音乐、光学和天文学（1629）的技术翻译计划，[1]由于他的早逝，这一宏大的计划没能得以实现。

在明末清初的一百四十年间，来华的天主教传教士有五百人左右，他们当中有数学家、天文学家、地理学家、内外科医生、音乐家、画家、钟表机械专家、珐琅专家、建筑专家。这一时段由他们译成中文的书籍多达四百余种，涉及的学科有宗教、哲学、心理学、论理学、政治、军事、法律、教育、历史、地理、数学、天文学、测量学、力学、光学、生物学、医学、药学、农学、工艺技术等。[2]这一阶段由耶稣会士主导的有关信仰和科学知识的译介活动，主要涉及中世纪至文艺复兴时期的知识，也包括文艺复兴以后重视经验科学的一些近代科学和技术。

尽管耶稣会的传教士们在17—18世纪的时候已经向中国的知识精英介绍了欧几里得几何学和牛顿物理学的一些基本知识，但直到19世纪50—60年代，才在伦敦会传教士伟烈亚力（Alexander Wylie，1815—1887）和中国数学家李善兰（1811—1882）的共同努力下补译完成了《几何原本》的后九卷；同样是李善兰、傅兰雅（John Fryer，1839—1928）和伟烈亚力将牛

---

[1] 蔡特尔著，孙静远译：《邓玉函，一位德国科学家、传教士》，载《国际汉学》，2012年第1期，第58页。
[2] 张晓著：《近代汉译西学书目提要：明末至1919》，北京大学出版社2012年版，"导论"第6、7页。

顿的《自然哲学的数学原理》(*Philosophiae Naturalis Principia Mathematica*, 1687) 第一编共十四章译成了汉语——《奈端数理》(1858—1860)。[1] 正是在这一时期，新教传教士与中国学者密切合作开展了大规模的翻译项目，将西方大量的教科书——启蒙运动以后重新系统化、通俗化的知识——翻译成了中文。

1862年清政府采纳了时任总理衙门首席大臣奕䜣（1833—1898）的建议，创办了京师同文馆，这是中国近代第一所外语学校。开馆时只有英文馆，后增设了法文、俄文、德文、东文诸馆，其他课程还包括化学、物理、万国公法、医学生理等。1866年，又增设了天文、算学课程。后来清政府又仿照同文馆之例，在与外国人交往较多的上海设立上海广方言馆，广州设立广州同文馆。曾大力倡导"中学为体，西学为用"的洋务派主要代表人物张之洞（1837—1909）认为，作为"用"的西学有西政、西艺和西史三个方面，其中西艺包括算、绘、矿、医、声、光、化、电等自然科学技术。

根据《近代汉译西学书目提要：明末至1919》的统计，从明末到1919年的总书目为五千一百七十九种，如果将四百余种明末到清初的译书排除，那么晚清至1919年之前就有四千七百多种汉译西学著作出版。梁启超（1873—1929）在

---

[1] 1882年，李善兰将译稿交由华蘅芳校订至1897年，译稿后遗失。万兆元、何琼辉：《牛顿〈原理〉在中国的译介与传播》，载《中国科技史杂志》第40卷，2019年第1期，第51—65页，此处见第54页。

1896年刊印的三卷本《西学书目表》中指出:"国家欲自强,以多译西书为本;学者欲自立,以多读西书为功。"[1]书中收录鸦片战争后至1896年间的译著三百四十一种,梁启超希望通过《读西学书法》向读者展示西方近代以来的知识体系。

不论是在精神上,还是在知识上,中国近代都没有继承好启蒙时代的遗产。启蒙运动提出要高举理性的旗帜,认为世间的一切都必须在理性法庭面前接受审判,不仅倡导个人要独立思考,也主张社会应当以理性作为判断是非的标准。它涉及宗教信仰、自然科学理论、社会制度、国家体制、道德体系、文化思想、文学艺术作品理论与思想倾向等。从知识论上来讲,从1860年至1919年五四运动爆发,受西方启蒙的各种自然科学知识被系统地介绍到了中国。大致说来,这些是14—18世纪科学革命和启蒙运动时期的社会科学和自然科学的知识。在社会科学方面包括了政治学、语言学、经济学、心理学、社会学、人类学等学科,而在自然科学方面则包含了物理学、化学、地质学、天文学、生物学、医学、遗传学、生态学等学科。按照胡适(1891—1962)的观点,新文化运动和五四运动应当分别来看待:前者重点在白话文、文学革命、西化与反传统,是一场类似文艺复兴的思想与文化的革命,而后者主要是

---

[1] 梁启超:《西学书目表·序例》,收入《饮冰室合集》,中华书局1989年版,第123页。

一场政治革命。根据王锦民的观点,"新文化运动很有文艺复兴那种热情的、进步的色彩;而接下来的启蒙思想的冷静、理性和批判精神,新文化运动中也有,但是发育得不充分,且几乎被前者遮蔽了"。[1]五四运动以来,中国接受了尼采等人的学说。"在某种意义上说,近代欧洲启蒙运动的思想成果,理性、自由、平等、人权、民主和法制,正是后来的'新'思潮力图摧毁的对象"。[2]近代以来,中华民族的确常常遭遇生死存亡的危局,启蒙自然会受到充满革命热情的救亡的排挤,而需要以冷静的理性态度来对待的普遍知识,以及个人的独立人格和自由不再有人予以关注。因此,近代以来我们并没有接受一个正常的、完整的启蒙思想,我们一直以来所拥有的仅仅是一个"半启蒙状态"。今天我们重又生活在一个思想转型和社会巨变的历史时期,迫切需要全面地引进和接受一百多年来的现代知识,并在思想观念上予以重新认识。

1919年新文化运动的时候,我们还区分不了文艺复兴和启蒙时代的思想,但日本的情况则完全不同。日本近代以来对"南蛮文化"的摄取,基本上是欧洲中世至文艺复兴时期的"西学",而从明治维新以来对欧美文化的摄取,则是启蒙

---

[1] 王锦民:《新文化运动百年随想录》,见李雪涛等编《合璧西中——庆祝顾彬教授七十寿辰文集》,外语教学与研究出版社2016年版,第282—295页,此处见第291页。
[2] 同上。

时代以来的西方思想。特别是在第二个阶段，他们做得非常彻底。[1]

三

罗素在《西方哲学史》的"绪论"中写道："一切确切的知识——我是这样主张的——都属于科学，一切涉及超乎确切知识之外的教条都属于神学。但是介乎神学与科学之间还有一片受到双方攻击的无人之域；这片无人之域就是哲学。"[2]康德认为，"只有那些其确定性是无可置疑的科学才能成为本真意义上的科学；那些包含经验确定性的认识（Erkenntnis），只是非本真意义上所谓的知识（Wissen），因此，系统化的知识作为一个整体可以称为科学（Wissenschaft），如果这个系统中的知识存在因果关系，甚至可以称之为理性科学（Rationale Wissenschaft）"。[3]在德文中，科学是一种系统性的知识体系，是对严格的确定性知识的追求，是通过批判、质疑乃至论证而对知识的内在固有理路即理性世界的探索过程。科学方法有别

---

1 家永三郎著，靳丛林等译：《外来文化摄取史论》，大象出版社2017年版。
2 罗素著，何兆武、李约瑟译：《西方哲学史》（上卷），商务印书馆1963年版，第11页。
3 Immanuel Kant, *Metaphysische Anfangsgründe der Naturwissenschaft.* Riga: bey Johann Friedrich Hartknoch, 1786. S. V-VI.

于较为空泛的哲学,它既要有客观性,也要有完整的资料文件以供佐证,同时还要由第三者小心检视,并且确认该方法能重制。因此,按照罗素的说法,人类知识的整体应当包括科学、神学和哲学。

在欧洲,"现代知识社会"(Moderne Wissensgesellschaft)的形成大概从近代早期一直持续到了1820年。[1] 之后便是知识的传播、制度化以及普及的过程。与此同时,学习和传播知识的现代制度也建立起来了,主要包括研究型大学、实验室和人文学科的研讨班(Seminar)。新的学科名称如生物学(Biologie)、物理学(Physik)也是在1800年才开始使用;1834年创造的词汇"科学家"(Scientist)使之成为一个自主的类型,而"学者"(Gelehrte)和"知识分子"(Intellekturlle)也是19世纪新创的词汇。[2] 现代知识以及自然科学与技术在形成的过程中,不断通过译介的方式流向欧洲以外的世界,在诸多非欧洲的区域为知识精英所认可、接受。今天,历史学家希望运用全球史的方法,祛除欧洲中心主义的知识史,从而建立全球知识史。

本学期我跟我的博士生们一起阅读费尔南·布罗代尔

---

[1] Cf. Richard van Dülmen, Sina Rauschenbach (Hg.), *Macht des Wissens: Die Entstehung der Modernen Wissensgesellschaft*. Köln: Böhlau Verlag, 2004.

[2] Cf. Jürgen Osterhammel, *Die Verwandlung der Welt: Eine Geschichte des 19. Jahrhunderts*. München: Beck, 2009. S. 1106.

(Fernand Braudel，1902—1985)的《地中海与菲利普二世时代的地中海世界》(*La Méditerranée et le Monde méditerranéen à l'époque de Philippe II*，1949)一书。[1]在"边界：更大范围的地中海"一章中，布罗代尔并不认同一般地理学家以油橄榄树和棕榈树作为地中海的边界的看法，他指出地中海的历史就像是一个磁场，吸引着南部的北非撒哈拉沙漠、北部的欧洲以及西部的大西洋。在布罗代尔看来，距离不再是一种障碍，边界也成为相互连接的媒介。[2]

发源于欧洲文艺复兴时代末期，并一直持续到18世纪末的科学革命，直接促成了启蒙运动的出现，影响了欧洲乃至全世界。但科学革命通过学科分类也影响了人们对世界的整体认识，人类知识原本是一个复杂系统。按照法国哲学家埃德加·莫兰(Edgar Morin，1921—)的看法，我们的知识是分离的、被肢解的、箱格化的，而全球纪元要求我们把任何事情都定位于全球的背景和复杂性之中。莫兰引用布莱兹·帕斯卡(Blaise Pascal，1623—1662)的观点："任何事物都既是结果又是原因，既受到作用又施加作用，既是通过中介而存在又是直接存在的。所有事物，包括相距最遥远的和最不相同的事物，都被一种自然的和难以觉察的联系维系着。我认为不认识

---

[1] 布罗代尔著，唐家龙、曾培耿、吴模信等译：《地中海与菲利普二世时代的地中海世界》(全二卷)，商务印书馆2013年版。

[2] 同上书，第245—342页。

整体就不可能认识部分,同样地,不特别地认识各个部分也不可能认识整体。"[1]莫兰认为,一种恰切的认识应当重视复杂性(complexus)——意味着交织在一起的东西:复杂的统一体如同人类和社会都是多维度的,因此人类同时是生物的、心理的、社会的、感情的、理性的;社会包含着历史的、经济的、社会的、宗教的等方面。他举例说明,经济学领域是在数学上最先进的社会科学,但从社会和人类的角度来说它有时是最落后的科学,因为它抽去了与经济活动密不可分的社会、历史、政治、心理、生态的条件。[2]

四

贝克出版社(C. H. Beck Verlag)至今依然是一家家族产业。1763年9月9日卡尔·戈特洛布·贝克(Carl Gottlob Beck,1733—1802)在距离慕尼黑100多公里的讷德林根(Nördlingen)创立了一家出版社,并以他儿子卡尔·海因里希·贝克(Carl Heinrich Beck,1767—1834)的名字来命名。在启蒙运动的影响下,戈特洛布出版了讷德林根的第一份报纸与关于医学和自然史、经济学和教育学以及宗教教育

---

[1] 转引自莫兰著,陈一壮译:《复杂性理论与教育问题》,北京大学出版社2004年版,第26页。
[2] 同上书,第30页。

的文献汇编。在第三代家族成员奥斯卡·贝克（Oscar Beck, 1850—1924）的带领下，出版社于1889年迁往慕尼黑施瓦宾（München-Schwabing），成功地实现了扩张，其总部至今仍设在那里。在19世纪，贝克出版社出版了大量的神学文献，但后来逐渐将自己的出版范围限定在古典学研究、文学、历史和法律等学术领域。此外，出版社一直有一个文学计划。在第一次世界大战期间的1917年，贝克出版社独具慧眼地出版了瓦尔特·弗莱克斯（Walter Flex，1887—1917）的小说《两个世界之间的漫游者》(*Der Wanderer zwischen beiden Welten*)，这是魏玛共和国时期的一本畅销书，总印数达一百万册之多，也是20世纪最畅销的德语作品之一。[1] 目前出版社依然由贝克家族的第六代和第七代成员掌管。2013年，贝克出版社庆祝了其

---

[1] 第二次世界大战后，德国汉学家福兰阁（Otto Franke，1863—1946）出版《两个世界的回忆——一个人生命的旁白》(*Erinnerungen aus zwei Welten: Randglossen zur eigenen Lebensgeschichte.* Berlin: De Gruyter, 1954.)。作者在1945年的前言中解释了他所认为的"两个世界"有三层含义：第一，作为空间上的西方和东方的世界；第二，作为时间上的19世纪末和20世纪初的德意志工业化和世界政策的开端，与20世纪的世界；第三，作为精神上的福兰阁在外交实践活动和学术生涯的世界。这本书的书名显然受到《两个世界之间的漫游者》的启发。弗莱克斯的这部书是献给1915年阵亡的好友恩斯特·沃切（Ernst Wurche）的；他是"我们德意志战争志愿军和前线军官的理想，也是同样接近两个世界：大地和天空、生命和死亡的新人和人类向导"。(Wolfgang von Einsiedel, Gert Woerner, *Kindlers Literatur Lexikon,* Band 7, Kindler Verlag, München 1972.) 见福兰阁的回忆录中文译本，福兰阁著，欧阳甦译：《两个世界的回忆——一个人生命的旁白》，社会科学文献出版社2014年版。

成立二百五十周年。

1995年开始，出版社开始策划出版"贝克通识文库"（C.H.Beck Wissen），这是"贝克丛书系列"（Beck'schen Reihe）中的一个子系列，旨在为人文和自然科学最重要领域提供可靠的知识和信息。由于每一本书的篇幅不大——大部分都在一百二十页左右，内容上要做到言简意赅，这对作者提出了更高的要求。"贝克通识文库"的作者大都是其所在领域的专家，而又是真正能做到"深入浅出"的学者。"贝克通识文库"的主题包括传记、历史、文学与语言、医学与心理学、音乐、自然与技术、哲学、宗教与艺术。到目前为止，"贝克通识文库"已经出版了五百多种书籍，总发行量超过了五百万册。其中有些书已经是第8版或第9版了。新版本大都经过了重新修订或扩充。这些百余页的小册子，成为大学，乃至中学重要的参考书。由于这套丛书的编纂开始于20世纪90年代中叶，因此更符合我们现今的时代。跟其他具有一两百年历史的"文库"相比，"贝克通识文库"从整体知识史研究范式到各学科，都经历了巨大变化。我们首次引进的三十多种图书，以科普、科学史、文化史、学术史为主。以往文库中专注于历史人物的政治史、军事史研究，已不多见。取而代之的是各种普通的知识，即便是精英，也用新史料更多地探讨了这些"巨人"与时代的关系，并将之放到了新的脉络中来理解。

我想大多数曾留学德国的中国人，都曾购买过罗沃尔特出版社出版的"传记丛书"(Rowohlts Monographien),以及"贝克通识文库"系列的丛书。去年年初我搬办公室的时候,还整理出十几本这一系列的丛书,上面还留有我当年做过的笔记。

五

作为启蒙时代思想的代表之作,《百科全书》编纂者最初的计划是翻译1728年英国出版的《钱伯斯百科全书》(*Cyclopaedia: or, An Universal Dictionary of Arts and Sciences*),但以狄德罗为主编的启蒙思想家们以"改变人们思维方式"为目标,[1]更多地强调理性在人类知识方面的重要性,因此更多地主张由百科全书派的思想家自己来撰写条目。

今天我们可以通过"绘制"(mapping)的方式,考察自19世纪60年代以来学科知识从欧洲被移接到中国的记录和流传的方法,包括学科史、印刷史、技术史、知识的循环与传播、迁移的模式与转向。[2]

徐光启在1631年上呈的《历书总目表》中提出:"欲求超

---

[1] Lynn Hunt, Christopher R. Martin, Barbara H. Rosenwein, R. Po-chia Hsia, Bonnie G. Smith, *The Making of the West: Peoples and Cultures, A Concise History,* Volume II: Since 1340. Bedford/St. Martin's, 2006, p. 611.

[2] Cf. Lieven D'hulst, Yves Gambier (eds.), *A History of Modern Translation Knowledge: Source, Concepts, Effects.* Amsterdam: John Benjamins, 2018.

胜，必须会通，会通之前，先须翻译。"[1]翻译是基础，是与其他民族交流的重要工具。"会通"的目的，就是让中西学术成果之间相互交流，融合与并蓄，共同融汇成一种人类知识。也正是在这个意义上，才能提到"超胜"：超越中西方的前人和学说。徐光启认为，要继承传统，又要"不安旧学"；翻译西法，但又"志求改正"。[2]

近代以来中国对西方知识的译介，实际上是在西方近代学科分类之上，依照一个复杂的逻辑系统对这些知识的重新界定和组合。在过去的百余年中，席卷全球的科学技术革命无疑让我们对于现代知识在社会、政治以及文化上的作用产生了认知上的转变。但启蒙运动以后从西方发展出来的现代性的观念，也导致欧洲以外的知识史建立在了现代与传统、外来与本土知识的对立之上。与其投入大量的热情和精力去研究这些"二元对立"的问题，我以为更迫切的是研究者要超越对于知识本身的研究，去甄别不同的政治、社会以及文化要素究竟是如何参与知识的产生以及传播的。

此外，我们要抛弃以往西方知识对非西方的静态、单一方向的影响研究。其实无论是东西方国家之间，抑或是东亚国家之间，知识的迁移都不是某一个国家施加影响而另一个国家则完全

---

[1] 见徐光启、李天经等撰，李亮校注：《治历缘起》（下），湖南科学技术出版社2017年版，第845页。
[2] 同上。

被动接受的过程。第二次世界大战以后对于殖民地及帝国环境下的历史研究认为,知识会不断被调和,在社会层面上被重新定义、接受,有的时候甚至会遭到排斥。由于对知识的接受和排斥深深根植于接收者的社会和文化背景之中,因此我们今天需要采取更好的方式去重新理解和建构知识形成的模式,也就是将研究重点从作为对象的知识本身转到知识传播者身上。近代以来,传教士、外交官、留学生、科学家等都曾为知识的转变和迁移做出过贡献。无论是某一国内还是国家间,无论是纯粹的个人,还是由一些参与者、机构和知识源构成的网络,知识迁移必然要借助于由传播者所形成的媒介来展开。通过这套新时代的"贝克通识文库",我希望我们能够超越单纯地去定义什么是知识,而去尝试更好地理解知识的动态形成模式以及知识的传播方式。同时,我们也希望能为一个去欧洲中心主义的知识史做出贡献。对于今天的我们来讲,更应当从中西古今的思想观念互动的角度来重新审视一百多年来我们所引进的西方知识。

知识唯有进入教育体系之中才能持续发挥作用。尽管早在1602年利玛窦的《坤舆万国全图》就已经由太仆寺少卿李之藻(1565—1630)绘制完成,但在利玛窦世界地图刊印三百多年后的1886年,尚有中国知识分子问及"亚细亚""欧罗巴"二名,谁始译之。[1]而梁启超1890年到北京参加会考,回粤途经

---

1 洪业:《考利玛窦的世界地图》,载《洪业论学集》,中华书局1981年版,第150—192页,此处见第191页。

上海，买到徐继畬（1795—1873）的《瀛环志略》(1848) 方知世界有五大洲！

　　近代以来的西方知识通过译介对中国产生了巨大的影响，中国因此发生了翻天覆地的变化。一百多年后的今天，我们组织引进、翻译这套"贝克通识文库"，是在"病灶心态""救亡心态"之后，做出的理性选择，中华民族蕴含生生不息的活力，其原因就在于不断从世界文明中汲取养分。尽管这套丛书的内容对于中国读者来讲并不一定是新的知识，但每一位作者对待知识、科学的态度，依然值得我们认真对待。早在一百年前，梁启超就曾指出："……相对地尊重科学的人，还是十个有九个不了解科学的性质。他们只知道科学研究所产生的结果的价值，而不知道科学本身的价值，他们只有数学、几何学、物理学、化学等概念，而没有科学的概念。"[1] 这套读物的定位是具有中等文化程度及以上的读者，我们认为只有启蒙以来的知识，才能真正使大众的思想从一种蒙昧、狂热以及其他荒谬的精神枷锁之中解放出来。因为我们相信，通过阅读而获得独立思考的能力，正是启蒙思想家们所要求的，也是我们这个时代必不可少的。

李雪涛

2022年4月于北京外国语大学历史学院

---

[1] 梁启超：《科学精神与东西文化》(8月20日在南通为科学社年会讲演)，载《科学》第7卷，1922年第9期，第859—870页，此处见第861页。

目 录

导论 *001*
第一章　世纪之交：伟大的先驱——传承、过渡、新起点 *005*
第二章　论"人"——哲学人类学 *023*
第三章　面向实事本身——胡塞尔的现象学 *033*
第四章　存在的意义——马丁·海德格尔 *045*
第五章　存在主义哲学与存在主义 *061*
第六章　关于理解——解释学 *075*
第七章　革命、实践与文化——马克思主义、新马克思主义以及批判理论 *085*
第八章　语言批判转向——维特根斯坦与语言学转向 *101*
第九章　科学哲学与科学史 *119*
第十章　社会与共同体、法权与话语 *127*
第十一章　结构主义、话语分析、后现代与解构主义 *141*
第十二章　放眼当下——创新发展 *157*

导论

20世纪哲学堪称过去二千五百年哲学史上的巅峰。其核心特征不仅在于其间产生了包罗万象、形形色色的理论流派；同时也在于各个层面上呈现出的一种理性批判的极端化——从无意识到人类的存在与语言，直至社会与科学层面。促成这种极端化的则是20世纪上半叶发生的一连串灾难性事件：两次世界大战、集中营以及广岛原子弹爆炸。"现代"的形成不仅仰赖于具有划时代意义的技术、社会以及科学的创新发展，更与这些史无前例的毁灭过程息息相关。

在接下来的论述中占据主导性地位的论点为：在整个20世纪进程中产生的诸多彼此排斥、各执一词的批判性反思理论，在当下以及未来都将在互补之中迎来创造性结合的可能。与其听任理性批判发展为极端相对主义并最终致使西方理性走向自我解构，我们更应该做的是从所有这些理论中建设性地学习，而非教条化地被动接受。这将推动人类生活和共同实践中一系列新形式的诞生，并使其在文化间/跨文化的语境下进一步焕发生机。这些新形式将会为我们这些无法摆脱有限性和局限性的人类开启对自身能力与可能性的全新理解维度。

因此，本书的论述还将遵循另外一个重要的论点，即20世纪哲学最为重要的功绩——维特根斯坦的语言批判、海德格尔的本体论批判、阿多诺的物化批判——经过对其深层结构的准确分析之后,我们将发现,它们相互之间存在的关联远比过去在各自孤立的接受背景下所普遍认为的要更为紧密。

第一章　世纪之交：伟大的先驱
——传承、过渡、新起点

为了把握20世纪哲学的生成与发展，必不可少的一点是要对曾为20世纪哲学带来深刻影响的那些19与20世纪学术与哲学话语之外的核心理论进行考察。剧烈的变革与激进构成了这一时期思想的重要特征，因为社会、文化、技术、科学以及个体的自我认知都不断发生着剧烈（常常还是极端）的变化。当中对后世影响最为深远的思想家包括克尔凯郭尔、马克思、皮尔士、尼采、弗雷格、弗洛伊德以及爱因斯坦。他们在19世纪向20世纪的变革过程中，实现了非凡的范式转换并掀起了一场场反思革命。如若脱离存在主义哲学、马克思主义、实用主义的语言与逻辑概念分析，脱离文明和道德的批判、脱离心理分析和相对论，便无法理解20世纪哲学。这些理论学说很多都根植于19世纪，并常常游离于主流思想之外。但起初在正统科学与哲学中它们并未能拥有一席之地。

索伦·克尔凯郭尔（Sören Kierkegaard，1813—1855）虽然也曾攻读过哲学专业，完成了几部文学、哲学重要著作的撰写，如《非此即彼》(*Entweder - Oder*，1843)、《恐惧与战栗》(*Furcht und Zittern*，1843)、《恐惧的概念》(*Der Begriff Angst*，1844) 以及《致死的疾病》(*Die Krankheit zum Tode*，1849)，但这一切均发生在大学之外。在瞬间的决定性场景 [《瞬间》

(*Der Augenblick*，1855)]，在恐惧与焦虑之中，以及在美学、伦理、宗教等众多生存可能面前，克尔凯郭尔通过对人类存在与局限性的极端分析，开创了深刻影响整个20世纪哲学发展的存在主义哲学（雅斯贝尔斯）、存在主义本体论（海德格尔）以及存在主义（萨特、加缪）。

与克尔凯郭尔相似，卡尔·马克思（Karl Marx，1818—1883）同样曾接受专业学术训练，同样是在大学之外完成了自己划时代著作《资本论》（*Das Kapital,* Band I.，1867）以及《政治经济学批判》（*Zur Kritik der politischen Ökonomie*，1857—1859）的撰写。他凭借对黑格尔思想的极端延续，以历史唯物主义和辩证唯物主义思想对世界范围内社会主义与共产主义的发展产生了深远的影响。以他命名的马克思主义理论则以错综复杂的方式成为20世纪重要的学术讨论对象。

对于20世纪下半叶的哲学发展而言，美国实用主义影响颇深。查尔斯·桑德斯·皮尔士（Charles Sanders Peirce，1839—1914）、威廉·詹姆斯（William James，1842—1910）以及约翰·杜威（John Dewey，1859—1952）在美国开创了一套基于行为理论的认识理论与科学原理。他们的理论立足于日常生活实践，将长期的发展过程包含在对其是否有用问题的反思之中，并从一开始便将民主理想视为真理诉求中意义生成的重要基础。通过这种方式，描述性、理论性以及科学性的设想过程中所蕴含的规范性、有用性暗示与作为类似教育学、社会学等实用学科前提的理论描述都变得清晰起来。皮尔士虽曾攻读哲学专业，但最终成为一名测量工程师。甚至连他通过对符号学理论进行改造从而完成的认知批判（主要针对康德的认识论）也直到20世纪后半叶才开始在国际范围内产生效应。皮尔士将分析重点放置于理解整个人类的符号使用，巧妙地将语言哲学与实用主义以及社会哲学结合在一起。这一结合对20世纪一些如阿佩尔的先验语用学与哈贝马斯的普遍语用学研究而言都具有指导性意义。乔治·赫伯特·米德（George Herbert Mead, 1863—1931）与威拉德·冯·奥曼·奎因（Willard Van Orman Quine, 1908—2000）则将实用主义的影响带到了分析哲学（见下文）。

弗里德里希·尼采（Friedrich Nietzsche, 1844—1900）曾是古典语文学家，却为了全身心投入自己的写作事业离开了大学。其作品对整个欧洲的文化与文明做出了根本性批判，涵盖了古典时期以来的哲学思想与基督教信仰。人类迄今为止被视为价值及意义核心的大多数事物，均在尼采笔下被揭露为不同形式的意识形态。他宣扬对"所有价值进行重新评估"，并宣告"上帝已死"。其作品在其逝世之后对接踵而来的理论思想产生了巨大的影响，不论是对于海德格尔还是对于解构主义（见后文）。

戈特洛布·弗雷格（Gottlob Frege, 1848—1925）曾是耶拿大学的逻辑学家与数学家，哲学上则是康德派信徒。他对语言、概念、判断以及语句的逻辑结构做出了开创式的分析，形成了一套自己的词义理论，并在专著《概念文字》（*Begriffsschrift*，1879）中达到了巅峰。随后，经由罗素、维特根斯坦、卡尔纳普几位生前与其私交甚密的哲学家的推介，弗雷格的分析得以在其死后对于现代语言哲学以及分析哲学产生了举世瞩目的影响。由此，弗雷格为20世纪哲学最为重要的发展之一——"语言学转向"（ligusitic turn）奠定了基础（虽然这一点在当时并未获得重视）。

维也纳神经科医生西格蒙德·弗洛伊德（Sigmund Freud，1856—1939）以其诊疗实践中遇到的心理障碍与疾病为基础，开创了一套探究身体、感性影响（特别是性的影响）下人类精神世界的革命性理论。他通过本我、自我以及超我的区分，探究了人类意识的结构。这个被称为心理分析的理论，将人类迄今为止被压抑、列为禁忌或是通过其他方式意识形态化的经验与存在作为自己的研究对象，如童年经历、恐惧、梦与疯癫。弗洛伊德的无意识理论及其对于人类身体之爱以及梦境前无古人的研究［《梦的解析》（*Traumdeutungen*，1900）］开创了对经典现代派影响深远的全新思维方式。他的理论说明，在人类日常生活之中，无意识的影响远比我们之前所认为的更为深远。

世纪之交，尚未作为物理学家为人所知的阿尔伯特·爱因斯坦（Albert Einstein，1879—1955）（受雇于伯尔尼专利局），开创了一套有关时间与空间、光与质量的理论——相对论。起初，这一理论在彼时相关专业领域并未受到重视。相对论的出现，一方面带来了一种审视这些"量"相互间密切作用关系的全新视角，另一方面引发了对物理学理论中依赖测量实践的方法论的重新评估。当爱因斯坦这一最初并未受重视的观点通过研究得到证明之后，新闻界以大字标题报道："光也是有质量的，空间是扭曲了的！"最终，爱因斯坦的理论使人类普遍意识到这一物理学世界观的巨变。

20世纪哲学发展的主要脉络与上述七位杰出的理论家密不可分。他们为许多学科的发展指明了方向：存在主义哲学，马克思主义，实用主义，激进文化批判，逻辑语言分析，心理分析以及物理学、自然科学全新的研究范式。

与之相对的则是学院派哲学（乍一看来）还在延续之前的道路。特别是已经发展成型的马堡学派与西南学派为代表的新康德主义成为20世纪伊始最为重要的哲学流派之一。新康德主义源于对康德哲学的接受，并在以下几点形成了自己的特色：认识论（当然也包括认识论批判）在哲学研究中具有了核心意义；哲学的任务在于对所有科学认识适用条件（康德：可能性的条件）的考察以及对所有文化的（法学的、社会的、美学的、宗教的）有效性诉求的考察；对人类认识的纯粹经验性（心理学、实践描述性）理解的批判；以及对科学、文化一切领域方法论的有效性问题、原则问题明确的自我反思。马堡的新康德主义主要代表人物为科恩（Hermann Cohen, 1842—

1918)、纳托普（Paul Natorp，1854—1924）以及卡西尔（Ernst Cassirer，1874—1945）。赫尔曼·科恩认为，哲学旨在以科学事实为出发点澄清经验与行为的先验前提。有关上述原则的研究收录于科恩的著作《纯粹认识的逻辑》(*Logik der reinen Erkenntnis*，1902）之中。在其著作《纯粹意志伦理学》(*Ethik des reinen Willens*，1904）中，科恩探讨了法学以及政治经济学的原则，并提出了一套实现人性理想以及伦理社会主义的规范性观点。《纯粹情感美学》(*Ästhetik des reinen Gefühls*，1912）中，科恩将对于人类天性最为纯真的爱作为全书的基础。其专著《源于犹太教的理性宗教》(*Religion der Vernunft aus den Quellen des Judentums*，1919）认为，以康德思想为圭臬的宗教是一种对文化永恒进步论的道德信仰。科恩思想的核心在于超越康德，对其直觉与思维二元性展开批判。保罗·纳托普在马堡期间曾与海德格尔过从甚密，并将讨论成果集结成册，完成了巨著《柏拉图的理念学说》(*Platons Ideenlehre*，1903）一书。

参照随后的影响史，特别值得一提的是卡西尔所独辟的蹊径。作为科恩的学生，卡西尔通过超验的形式进一步拓展了康德的构成论：他的思想不仅涉及通过概念进行表达的认识，同时还将所有其他形式的认识都纳为考察对象。因此，卡西尔在一个绝对的（针对所有认识形式的）先验（absolutes Apriori）之外，还提出了一个相对的先验（relatives Apriori），以适应各种不同的语境。与此同时，卡西尔还将康德静态的理性批判拓展为一种动态的、强调过程的文化批判。除了在四卷本著作《近代哲学与科学的认识问题》(*Das Erkenntnisproblem in der Philosophie und Wissenschaft der neueren Zeit*,1906、1907、1920、1950) 与《实体概念与功能概念》(*Substanzbegriff und Funktionsbegriff*, 1910) 中对于题名所示问题的广泛讨论之外,卡西尔在其最为重要的三卷本著作《象征形式哲学》(*Philosophie der symbolischen Formen*, 1923、1925、1929) 中系统地重构了以"符号动物"(animal symbolicum) 为原则的人类思想实践历史。依此理解,人类为一种使用符号并将其运用到各个领域的生物。概念性的思维与言说仅仅是这些实际上更加全面的符号性表征中的特例。卡西尔(按照功能)将这些"表征"进一步划分为三种形式:表达功能——对于神话与宗教起到建构功效;直觉功能——对于日常经验起到建构功效;意义功能——对于概念、科学性世界起到建构功效。以此种象征符号分析为基础,卡西尔开创了一种全面的文化哲学。1919至1933年期间,卡西尔任教于汉堡大学,但在1933年不得不踏上流亡的道路,先是逃往英国,随后是瑞典,最终前往美国,先后在耶鲁大学与纽约大学担任教授。最终,卡西尔将自己文化哲学的全部思想浓缩在著作《人论——人类文化哲学导引》(*An Essay on Man. An Introduction to a Philosophy of Human Culture*, 1944) 之中。

西南学派新康德主义的代表为文德尔班(Wilhelm

Windelband，1848—1915)、李凯尔特（Heinrich Rickert，1863—1936）与拉斯克（Emil Lask，1875—1915）。文德尔班从康德思想中寻得了一套学科分类的基本理念：旨在归纳概括普遍规律、"制定法则"（nomothetisch）的自然科学与数学及旨在对个体、历史等进行事实描绘的精神与文化科学。在实用主义哲学背景下，文德尔班分析了构成人类文化基础的道德价值的有效性主张（Geltungsansprüche）。李凯尔特在自己《自然科学概念形成的界限》（*Die Grenzen der naturwissenschaftlichen Begriffsbildung*, 1896）以及《文化科学与自然科学》（*Kulturwissenschaft und Naturwissenschaft*, 1899）两本研究著作中进一步发展了文德尔班的理论。文德尔班与李凯尔特杰出的学生拉斯克在一战中英年早逝。拉斯克的思想主要在于对超验哲学逻辑前提的极端质问，并以此完成了两部重要的著作：《哲学的逻辑与范畴学说——对于逻辑形式的潜在领域的研究》（*Die Logik der Philosophie und die Kategorienlehre. Eine Studie über den Herrschaftsbereich der logischen Form*, 1911）与《判断学说》（*Lehre vom Urteil*, 1922）。拉斯克追寻一种"分类的分类"、一种"形式的形式"。他的基本思想可以简单归纳如下：1，明确反对一种不受时间限制的、非历史的、静止的唯心主义，强调人类的认识与对认识的分类均是具有历史性的；2，反对抽象的一般性与普遍性（如法律法规），提出将个体不可定的非理性纳为问题对象；3，反对系统的哲学认识，将生命与对生命分类的任务视为哲学任务。由此，拉斯克走向了生命哲学。拉斯克提出了如下疑问：存在在多大意义上得以先行于主体；是否可以提出"物的超越"或者"物质逻辑上的不可化约性"。拉斯克着重强调逻辑形式的有效性不依赖主体的有效性，并倾向于将超验逻辑发展为一种新的本体论，以此接近一种判断的原始形式的"逻辑神秘主义"。因此，拉斯克进一步探寻了哲学语言自身的逻辑形态。拉斯克开拓了一片对未来影响深远的问题领域。恩斯特·布洛赫（Ernst Bloch，1885—1977）推崇其为"康德主义无声的爆炸"，认为："他是尚未成为圣诞老人的圣尼古拉。"事实上，拉斯克的思想中蕴含着一个系统的问题症候群。对于这些问题的研究在随后，特别是20世纪20年代时，获得了极大的发展——历史解释学、社会学方法论、基本存在论、存在主义分析与存在史（Seinsgeschichte）、新马克思主义与批判唯物主义以及经验主义与语言批判哲学均给出了自己的答案。这都要归功于拉斯克的前期研究。拉斯克完成了对于新康德主义的黑格尔化，并最终决定将自己最重要的著作献予哲学分类史本身，献给哲学思辨逻辑，并为随后海德格尔有关存在史研究奠定了基础。在海德格尔知识分子传记《我通往现象学的道路》(*Mein Weg in die Phänomenologie*，1963) 中，拉斯克被放置到了与弗朗兹·布伦塔诺（Franz Brentano，1838—1917）及胡塞尔（Edmund Husserl，1859—1938）齐名的高度。拉斯克有关非理性问题的论述主要参照了与其过从甚密的马克斯·韦伯

(Max Weber，1864—1920)的方法论。

如何将个体通过演绎推论的方式纳入一种普遍价值？这一问题成为此时出现的社会学、历史学以及法哲学探讨的核心。拉斯克并非后浪漫主义、诗意地唤醒了对人类生命的关注，而是寻找到了这一基本系统问题最为精确的核心：他认为，纵观整个西方本体论（除却新柏拉图主义，特别是普罗提诺之外），所有的分类都触碰且仅触碰到了感性的领域，却从未尝试拓展至本质上"超感性"的领域（例如对于人类生命与自我认识的分类）。拉斯克对于"非经验"的范畴构想引发了海德格尔对于"现成状态的存在本体论"（Vorhandenheitsontologie）的批判研究。拉斯克思想中唯物主义的一面指向了新马克思主义。在海德堡，拉斯克结识了格奥尔格·卢卡奇（Georg Lukács，1885—1971）。拉斯克的妹妹贝尔塔（Berta Lask）曾是共产主义地下工作者，她创作了一系列表现主义风格的宣传戏剧。拉斯克敏锐的对于心理学、逻辑学持有批判姿态的有效性概念，使其与弗雷格以及胡塞尔的现象学联系在一起；通过对逻辑原初形式的反思，拉斯克的思想又与维特根斯坦早期的逻辑分析紧密关联起来。令人遗憾的是，拉斯克将新康德主义的潜力系统挖掘出来的贡献却在其英年早逝之后逐渐被人淡忘。

生命哲学（Lebensphilosophie）构成了世纪之交新康德主义之外第二个重要思潮。在法国，亨利·柏格森（Henri Bergson，1859—1941）开创性地提出了"生命冲动"（elan vital）

的概念——生命最为原初的脉冲。柏格森的主要著作《创造进化论》(Die schöpferische Entwicklung, 1907) 为其赢得了1927年的诺贝尔文学奖。其后出现的柏格森主义延续了柏格森的思想，超越了达尔文主义以及对人类生命进行自然科学式的分析。他们探究最为根本的生命潜能，探究生命潜能如何在纯粹的"内在生命之流"中、在创造的过程中发生作用。这一切都是为了从人类生命本身对其进行理解。威廉·狄尔泰 (Wilhelm Dilthey, 1833—1911) 则试图将康德的理性批判进一步发展成为一种"历史理性的批判"。狄尔泰师从奥古斯特·柏克尔（August Böcke）、利奥波德·冯·兰克 (Leopold von Ranke, 1795—1886)、特伦德伦堡 (Friedrich Adolf Trendelenburg, 1802—1872) 等著名学者，完成了历史学、古代文化研究学、哲学以及神学等专业的学习。如果有人想要将理性批判及其对于理性界限、有限性的分析拓展到整个人类历史，便会面对一个核心问题——对陌生的生命形式是否存在理解的可能。解释学为这种理解提供了理论支持（详见下文）。狄尔泰开创了一种生命解释学。他认为"认识无法退回到生命背后"，并勾勒了对于生命充满悲观主义色彩的范畴论。"非理性的事实"构成了这种范畴的根本理据："我们今天对于人类存在的分析让我们所有人都充满了脆弱，感觉受制于黑暗本能权力的控制，在黑暗与幻象中挣扎。生活中的一切均是短暂而有限的。"狄尔泰生命哲学的核心在于探究生命的脆弱性与衰败性。其理论的基本理据是生命本身的时间性。狄尔泰将其发展为一种相对主义的世界观,以历史局限性为视点探究一切世界观的形成。

作为社会学开拓者之一的格奥尔格·西美尔(Georg Simmel,1858—1918)的思想中同样孕育出了一种生命哲学。西美尔的思想深受康德、达尔文与尼采的影响。通过现代的研究,人类及其社会生活似乎是一种生物学可以解释的物种史。另一方面,哲学(特别是康德哲学)将人类视为自由、自律的物种,不受限于自然,并且有能力出于责任搭建一套法制体系。对于人类生命的科学研究沉重地打击了道德。它们不再强调善,而是不断揭露依赖关系。人类由于与其他动物相比过于漫长的哺育期,使得诸如道德、法律等保护机制应运而生。这类似于一种犬儒主义倾向的功能主义,提倡对人类世界进行相应的精简。站在另一面的是一种无条件的道德声明,崇尚求真与行为上的自由。达尔文与康德之间最为强烈的分歧由此出现在生命哲学思想的中心。

西美尔在其宗教哲学的框架下将这种分歧通过图像的方式进行了阐明。他认为,虽然即便是宗教也是由困境、恐惧以及折磨所构成,但宗教超脱于这些产生条件之外,是威严与真理的化身。即便盛开于粪堆旁,也丝毫不会减损玫瑰之美。西美尔推崇19世纪(以叔本华为代表)的悲观主义,对社会的统治机构与形式展开了细致入微的分析。在西美尔展现的生活的悲观结构中,我们可以看到晚期资本主义向马克思主义革命理论的过渡,尽管西美尔《货币哲学》(*Philosophie des Geldes*,1900)被视为有悖于马克思主义资本分析方法论的著作。在其晚期著作《生命观——四种形而上资本》(*Lebensanschauung. Vier metaphysische Kapital*,1918)中,西美尔将生命这种悲观的形式归结为生命的超验性这一主要思想,并提出了两个命题,即"生命超越生命"以及"生命始终都不仅仅是生命"。西美尔悲观文化哲学的内核始终一方面处于达尔文与尼采的对立,另一方面处于达尔文与康德的对立之中,展现了一种存在主义的形而上学。生命必须始终是超脱于自身之外的,才会存在生命本身,存在生命的外延。世界应当被赋予一具形体。正因如此,从性与爱之中才产生了市民婚姻的形式,从耶稣戏剧性的生命中孕育了基督教。西美尔自己收藏了许多珍贵的瓷器。他的学生曾谈起他在柏林举办的一次大型讲座(西美尔的讲座甚至成为当时帝国首都重大的文化事件)中,在数千名听众面前,手持一个中国的瓷碗,对上面的水墨画侃侃而谈。西美尔借此引出了墨汁涂抹至物体时瞬时出现的生命运动,以及在烧制过程中这一流动如何瞬间凝固并最终成形。西美尔在这件易碎的瓷器上解读出了流体与凝固之间、充满活力的生命之流与固化的客观形体之间的张力关联,而这恰恰暗合了西美尔的主要思想。

马丁·布伯(1878—1965)和弗朗茨·罗森茨威格(1886—1929)的"对话哲学"将交流中的对话协调置于伦理学和宗教

哲学的中心。在《我与你》(*Ich und Du*, 1923)一书中，布伯分析了人类的对话关系，将其作为整个实践的基础。在犹太圣经传统的背景下，人与上帝的关系也被设想为对话关系。罗森茨威格先是与布伯一起将《旧约》中的篇章译成德语，后又在其主要著作《救赎之星》(*Der Stern der Erlösung*, 1921)中发展了一种对话式的犹太哲学神学与基督教对抗。他试图在当下的瞬间之中把握意义和交流的最为生动、真实的经验，从而思考语言与时间的关系。

新康德主义、生命哲学与对话哲学三种思潮相互交织，关联紧密。这点最为明显地体现在三者随后的影响之中，并经常以间接的方式贯穿于二战期间。二战期间纳粹的意识形态、政策与犹太启蒙传统的决裂对德国哲学的发展造成了不可估量的影响，因为许多彼时哲学界的领军人物均为犹太出身。

另外一个对于20世纪哲学影响深远的科学史发展过程则是"心理学与社会学从哲学的脱离"。自古典时期哲学诞生之初便不断有单独学科从哲学体系中划分出来（如物理、政治学、经济学、动物学等）。距今最近一次完成脱离的便是20世纪之初崛起的心理学与社会学。这两次自立门户又明显与步入现代的时代断裂密不可分。一方面，人类越来越将自身及自身的可实证研究性作为思想以及科学研究的核心；另一方面则可以明显感觉到，这一个断裂时期内，规模越来越大的城市、新生的生产以及工作关系、国际范围内的合作与交融都使得人类社会越来越复杂，越来越多地对人类生活与认识方式产生着深远影响。对上述问题进行研究需要新的学科。

其实早先赫尔曼·洛采（Hermann Lotze，1817—1881）的《医学心理学》（*Medizinische Psychologie*，1852）以及古斯塔夫·特奥尔多·费希纳（Gustav Theodor Fechner，1801—1887）的《心理学要素》（*Elemente der Psychologie*，1860）两书便提出了自然科学倾向的心理学。哲学家、心理学家威廉·冯特（Wilhelm Wundt，1832—1920）1879年于莱比锡建立了第一所心理学实验室。最终，通过弗洛伊德及其杰出贡献，心理学逐渐从哲学中脱离出来，成为一种独立的心理分析实验与理论学科。

社会学从哲学的脱离过程也可以解释为：自古典时期以来（特别是自亚里士多德以来）涉及社会的传统哲学学科（伦理学、政治学和经济学）都是以当时中等规模的城市为蓝本的。现代世界历史的发展带来了城市规模上的极端转变，拥有数百万人口的大城市为现代社会带来了全新的问题。

法国的奥古斯特·孔德（Auguste Comte，1798—1857）、埃米尔·涂尔干（Émile Durkheim，1858—1917）以及德国的马克思均提出了全新的理论与独特的研究方式来应对现代社会的全新问题。例如，涂尔干提出了关于工作分配、自杀以及宗教社会学的研究理论。

针对现代社会，西美尔不仅撰写了专著《货币哲学》，同时还在《社会学》(*Soziologie*, 1908) 一书中开创了一套自己的社会学说。西美尔的社会学理论依然是以哲学的方式进行理解与认识，但更强调形式，因为西美尔将诸如争论、竞争、友谊等社会生活方式视为不以时间为转移的事物。西美尔社会学理论的核心在于一套研究社会分化与交换关系的理论，将超验哲学的基本问题拓展至社会层面：这如何成为可能呢？形式社会学研究一切社会化（Vergesellschaftung）的普遍基础。社会维持生命以及稳定性的功效仅能通过持续的动态转型才能在不同的层面发挥作用。社会维持其稳定性在于不断消除不稳定因素以及一种近乎强迫式的创新诉求。在这样出现的悲剧性结构中，人们可以看到马克思主义革命理论的资本主义对应物。

哲学家、社会学家斐迪南·滕尼斯（Ferdinand Tönnies，1855—1936）将一种纯粹（理论上）的、旨在完成一套系统性概念建构的社会学，与一种从规范性视角出发对社会发展进行推演阐释的实用的历史社会学以及一种对个案研究进行归纳的实证社会学区分开来。在其主要著作《共同体与社会》(*Gemeinschaft und Gesellschaft*, 1887) 中，滕尼斯完成了对于纯粹社会学基本概念的哲学论述。

马克斯·韦伯将社会学发展为一种独立的理论，旨在以"理想类型"（Idealtyp）为理论工具完成对社会现实的解读。韦伯认为，通过文化比较式的研究可以得出不同法律、国家、经济以及统治关系影响下的"理想类型"。在其主要著作《经济与社会》(*Wirtschaft und Gesellschaft*, 1921) 中, 韦伯描绘了对现代社会具有建构性意义的理性化进程。通过工业社会的发展, 理性化进程几乎渗透到了所有生活领域。韦伯将其经典地形容为"世界的祛魅"(Entzauberung der Welt)。

随着心理学以及社会学的自立门户, 现代哲学步入了全新阶段。然而, 这些从哲学中划分出去的学科(即便一些学科之间的发展背道而驰)却依然以各式各样的方式保持着相互之间的跨学科关联。这一方面是由于许多问题, 特别是一些心理学、社会学基本概念(如心灵、精神、社会、群体等)以及一些研究这些问题的方法论都依然遵循着之前的传统, 都需要进行哲学反思; 另一方面则是因为哲学本身也必须将不同时期特定的心理学、社会学研究现状纳入自己的思考过程之中。

第二章　论"人"
——哲学人类学

传统哲学对"人"的关涉往往仅通过间接的方式完成,将人替换为精神,躯体与心灵,自由,个体,个人,主体以及自我意识等概念。彼时占据如今"人类学"这一学科位置的往往是将人类划归于某个广泛的、超越人类本身背景的思考:形而上学中存在的秩序、神学中神的造物秩序、历史哲学中的进步或者衰败史,又或是其他一些亚人类(Subhumane)的领域如自然、进化或是基因。即便借助于语言、理性或者伦理学分类,对"人"这一概念的界定也往往仅会有选择性地涉及人类的生活现实。这种"人"本身在哲学中的"缺席(Abwesenheit)"源于人类学及内涵几乎普遍存在于、被内化于哲学反思与理论框架之中。一种与之相反的明确外化并试图探明有关人类问题的流派于20世纪初在德国应运而生,经由舍勒、普莱斯纳以及盖伦的努力,逐渐发展成为一门原生、独立的哲学人类学学科。

马克斯·舍勒(Max Scheler,1874—1928)在反映其理论主旨的核心文章《人在宇宙中的地位》(*Die Stellung des Menschen im Kosmos*,1928)中提出了一套有关人类心理的结构并将其划分为如下次序:

1. 感觉欲求;
2. 本能;

3. 联想记忆；

4. 实践理智。

舍勒认为，上述四个层级体现了有机生物界的结构，在动植物之中同样可以找到类似的划分。舍勒将精神视为与生命完全对立、遵循不同准则的概念。通过精神人类可以完全不受制于自然。舍勒的人类学理论因而被视为尝试将自然的、生物学中的本能层面与个体化的、精神的个性层面划归于同一个理论体系之内，探究两者之间的差异与交互关系。舍勒在其人类学中同样试图在战后这样一个前途未卜、充满危机的生存环境中，达到一种对于人类全新的认识。这是因为虽然那些基于自然科学、实证心理学、基因学以及进化论的单独学科同样在研究人，但始终都仅仅探究了人的某个侧面，并未从整体对其进行认识。舍勒正是要强调人在宇宙之中的"特殊地位"。同古典时期相同，舍勒同样强调人类相较于其动物性本能表现出的缺陷与不足；与之相反，人类的精神却充满潜力。

舍勒以现象学为方法论将狂热迷醉的"感觉欲求"视为缺乏中心的、无意识的本能力量。这种力量最为明显、纯粹地出现在有机自然界中的植物王国，但即便在动物以及人身上，这种感觉欲求依然在行使功效：（在动物以及人类身上）这种狂热迷醉的"感觉欲求"转变为了本能性的注意力，创造了所有冲动的统一。

"本能"这一层级过渡到拥有选择性、对信号刺激可以做出反应的动物。这种特质使得动物得以在其特定的物种环境中以维持生命的方式行事。将之与人对比,人类自身一直以来优劣并存的两面性凸显出来:一方面人类摆脱了动物的本能机制,另一方面从这种"本能的不发达"之中却产生了一种需要通过其他方式进行克服的不确定性。各种形式的本能过剩均可能导致极端的错误行为,并且需要社会以及文化上的升华加以克制,但这往往与压抑、镇压联系在一起。

"联想记忆"层级与"本能"层级密不可分。联想服务于自然需求,是一种习惯性的行为,却又已经超越了僵化的本能行为。模仿性行为与独立重复他者行为规范的能力对于与人类相似的动物在社会化以及个体发育过程中均起到了根本性作用。

最后,"实践理智"层级强调推测能力与明辨复杂关系的能力。这种能力虽然仍与生理器官相关,却已经成为一种创造性能力。

通过上述四个层级,生物心理领域初现其形。在舍勒理论之中,人类的独特之处要到精神国度的出现方能感受:人类的精神并非像动植物一般与本能、环境相关,而是一种"世界敞开"(weltoffen)的。精神使得人类可以不受本能与需求的约束完成对于事物本质的认识。正是这一事实使得人类可以与世界保持距离,可以完成对于事物的认识。在此意义上,舍勒将人类称为"可以说不的生物":人类可以拒绝现实,反对现实;他的精神可以进行否定,人类可以成为"生命的禁欲者"

(Asket des Lebens)。舍勒认为，面对自然与本能，精神本来是软弱无能的；它的力量源于（正如弗洛伊德也曾提到的）压抑以及升华等间接方式。舍勒人类学中，这种具有历史性的精神在形而上层面与一种"将来的神"联系在一起。

赫尔穆特·普莱斯纳（Helmuth Plessner，1892—1985）则将其创新的哲学人类学思想归纳在主要著作《有机体及人类的发展阶段》(*Die Stufen des Organischen und der Mensch*，1928) 中。早在1923年普莱斯纳就已在其《感官的统一——精神感知学基础》(*Die Einheit der Sinne. Grundlinien einer Ästhesiologie des Geistes*) 一文中探讨了人类不同性质的感官（视觉、听觉、嗅觉、味觉、触觉）与日常生活世界以及个体体验、感知能力之间的关联。感官构成了躯体与精神之间的媒介。感官只有在复杂的社会文化生活场景下，通过理性的利用才是"生动的"。感性指向文化内涵，人类精神则指向具体的、身体性的感性化。普莱斯纳的分析一方面与哲学对于身体性、感性的无视传统背道而驰，另一方面也违背了自然科学在对人进行研究时客观、归纳式的研究方法。

普莱斯纳主要著作遵循一个核心的等级划分：植物被视为开放的生命形式，缺少一个中心；动物以及人类为封闭的生命形式，拥有一个中心。不同之处在于，动物在时空上"向心"生活，人类则是以"我"的形式"离心"。在普莱斯纳的理论中，这个"我"便是"此时""此刻"的"中心"。与封闭、向心的动物相比,人类以一种离心的方式生活,一种离心定位(exzentrische Positionalität)。正是借助这种离心定位,人类拥有了与自己保持距离、自我审视、计划行为、创造性生产、技术等能力,但也因此面临更多的危险。

与海德格尔的分析相似(见下文),普莱斯纳认为人是先于自身的生物,他游离于自己所处的当下之外,拥有类似于舍勒认为的否定能力。与舍勒的分析不同之处在于,普莱斯纳并没有提出一个单纯的智慧,而是认为人类始终处于受时空、身体限制的自我反思之中。在其《笑与哭》(*Lachen und Weinen*,1941)一书中,普莱斯纳以范本式的现象学个案分析研究了身体性的"核心现象",极为精辟地展现了人类这种离心状态。这种状态的负面特质——人是没有地点、没有时间、面向虚无的——与海德格尔以及晚年的萨特的分析很相近。由此,人类一切层面的存在形式均表现出两面性:我们拥有(haben)我们的身躯,我们同时又是(sind)我们的身躯;我们既是事物之下的事物,但又是我们一切经验、内心世界以及外在世界所关联的中心(Bezugszentrum)。只有在共同的、社会的、交际的"共同世界"中,我们才能成为我们自己。

以上述分析为基础,普莱斯纳提出了其人类学理论的三条基本定律:

1. 自然的人为性定律;
2. 间接的直接性定律;

3.位置的乌托邦性定律。

自然的人为性旨在言明，人类只可以依赖自身被赋予的生存环境进行创造行为。不同于悲观主义倾向的人类学学说，普莱斯纳人类学体系中，人类不是"更高力量的不完整实施者"（赫尔德），也不是"病态的动物"（尼采），不需要与其天生的缺陷"和解"（盖伦），而是（即便是不断受制于自然条件）根据自己的规则进行创造。

间接的直接性理论将离心理论关涉至人类的表达行为。我们一切"内在"感受到的、经历的、感知的事物，都需要对我们自己或者其他人完成表达，它必须被表达、展示出来。在此，普莱斯纳结合了黑格尔理论中有关客观精神的分析。通过这种必要的表达行为，人类的意识、目的、目标、愿望以及历史中的意向性得到了具体的表述。它是人类存在的外在表达，而人类存在本身沉浸于自然之中，需要借助艺术加以保护与发展。乌托邦式的位置则又一次指向了人类的离心定位性。人类的生活环境永远会保持开放与不稳定，即便我们可以（特别是通过现代科学）将其客观化。在整个世界或存在中的这种自我对象化，传统上是由宗教和形而上学在与上帝的关系中尝试的。但在试图采用这样的视角时，我们必须将自己定位在一个绝对的、"哪儿都不是"的地方。

最后，普莱斯纳将视角转向了对于"权力与人类自然天性"［《权力与人类自然天性》(*Macht und menschlicher Natur*, 1931)］

问题的政治、人类学研究。早在1924年出版的《共同体的边界》(*Grenzen der Gemeinschaft*)中普莱斯纳就开始反对对于社会共同体进行意识形态式的理解。然而可惜的是，在德国，意识形态式的理解很快占据了统治地位。以其离心定位的人类学为基础，普莱斯纳论证了社会组织形式的理性优势：距离、间接性、中介、对于私人空间的尊重、外交式的交往模式、技巧——这些均使得一种不去幻想直接性的政治文化得以实施。

阿尔诺德·盖伦（Arnold Gehlen，1904—1976）凭借其《人，他的本性及他在世界中的地位》(*Der Mensch. Seine Natur und seine Stellung in der Welt*，1940）提出了一套既区别于舍勒的精神自主说，又区别于普莱斯纳强调离心定位的独特理论。盖伦的理论之中，人类的行为、实践占据了核心地位。盖伦吸纳了实用主义的主要思想，其理论基本出发点是将人类视为一种具有缺陷的生物。

动物可以通过各自的方式（例如飞翔、游泳、奔跑、视觉、听觉、嗅觉）拥有比人类更加卓越的生存能力。作为人类，我们对于周围的环境非常陌生，无法适应环境。我们的直觉不够可靠，器官不够敏锐。简单来说，从我们的身体构造来看：低级。继续观察我们的生存环境不难发现：我们始终面对各种各样的刺激（"刺激泛滥"），我们经常不知道将自己的力量用向何方（"动力过剩"），我们始终好战（"始终具有攻击性"）。人类由此负担沉重，需要不断减负。此处，盖伦在其缺陷人类学理论中引入了"组织理论"（Institutionentheorie）：社会中形式各异的机构、组织，通过不断为人类行为赋予"目标"的形式，对人类庞杂的生存环境做出了整理、规划，将其结构化，使得社会得以运作且结构稳定。

对盖伦而言，舍勒提出的人类的世界开放性所表达的正是人类的"贫瘠"（Mittellosigkeit）。人类由于自身的贫瘠始终处于周围环境赋予的压力之中，不得不始终采取行动。人类身体机能上的"不专业"、过长的成长过程、长达数年的完全无抵抗能力状态、新生儿的生存无能——所有这些生物学研究的结果都不断在证明人类为缺陷生物的论题。对于这种缺陷做出补偿的则是人类的认识能力、语言能力以及作为手工艺者的创造能力。然而，为了可以对自己的行为进行引导与操控，人类需要组织。盖伦认为人类从自然到文化的过渡主要在于个体冲动的社会化与对于稳定、持续性方向的需求。为此所需要的行为在文化之中拥有了一种自我价值，一种"应该"。由此，盖伦在分析研究中援引亚里士多德以及美国实用主义代表如皮尔士、杜威以及米德等对于行为概念的解读：我们的身体活动、语言表达实践、自省反思能力，甚至是我们的感知与经历均与行为概念有关。对于盖伦而言，其理论在于展示："人类是如何为行动而生？一切功能、功效遵循何种结构规则？这一切与人类生理结构之间存在何种关联？——一个拥有如此生理构造的生物只能通过行动获得生存的能力；人类贯彻实行一切（从身体的到精神的）行动均遵循这一定律。"当人类行为转化为社会性、文化性的组织行为时，可以削减环境要求以及本能过剩造成的负担。这些行为构成了创造性减负的系统。在此过程中，语言发挥了至关重要的作用，是"组织的组织"。行为通过符号、语言的形式表达与传播，可以说语言使得行为完整。在社会交流实践中，人类的技术能力也起到了不可忽视的作用。盖伦将技术阐释为"器官替代品"：正是技术让人类摆脱缺陷。

盖伦的组织理论以上述人类学、生物学理论为基础，形成了一套有关社会组织形式的理论。组织是人类行为稳定的结合点。组织使得一切在动物处本能处理的事物，在一个更高的层面得以完成。这一点最为明显地体现在古典时期的社会文化和仪式当中，虽然彼时人类对于这些组织形式的稳定、聚合功效尚无意识，还不是出于反思式地认识加以利用；时值现代社会，这些组织形式明显地体现出强烈的个体化倾向〔《原始人与后来的文化》(*Urmensch und Spätkultur*, 1956)〕。因此，盖伦在其人类学理论著作《技术时代的人类心灵》(*Die Seele im technischen Zeitalter*, 1957) 中表现了较强的目的性与武断性，并将其发展成为一种保守的文化批判，标明了自己理论的界限。因为通过这种方式颂扬的组织形式，如经济、国家、法律、科学、艺术，同样依赖于批判与讨论，这是其与生俱来的。只有像康德与黑格尔那样，将这种批判、反思的视角纳入人类学、社会哲学的分析之中，才可以避免得出过于武断的结论。

第三章　面向实事本身——胡塞尔的现象学

20世纪哲学中最为重要、世界范围内至今影响最为深远的哲学流派当推埃德蒙德·胡塞尔（Edmund Husserl，1859—1938）开创的现象学。在纳粹1933年勒令彼时已经成为国际著名学者（亚里士多德科学院"通信院士"、美国艺术与科学院院士、英国国家学术院院士）的胡塞尔立即停职休假之后，1937年纳粹进一步禁止已然年近八十高龄的胡塞尔踏入弗莱堡大学。但胡塞尔在禁令信的反面继续他的哲学笔记。这件小事展现了胡塞尔的为人，一方面即便身处逆境依然保持理性，另一方面则展现了他一贯的工作方式。他习惯于一边思考一边写作，手持铅笔作注。作为一位哲学家，胡塞尔是一位对于单个问题不知疲倦的研究者。胡塞尔坚持了一生的日常工作哲学最好的证明便是由范·布雷达（Pater van Breda）在纳粹迫害期间历尽艰难于比利时鲁汶（Louvain）成立的胡塞尔档案馆。档案馆保存了胡塞尔近四万五千页手稿，当中不乏通过加贝尔斯贝格速记法记录的稿件以及上文所述的禁令。这些数量庞大的手稿向人们展示了胡塞尔进行哲学思考时的坚韧、严肃，甚至是严苛。现象学开创了一种全新的哲学方法——一种前所未有的对于世界上一切现象进行本质分析的方法，不管是什么类型。

曾在冯特处攻读心理学、在维也纳取得数学博士学位、1887年于哈勒凭借《论数字概念》获得教授资格的胡塞尔在其第一本重要著作《逻辑研究》(*Logische Untersuchungen*, 1900—1901) 中提出了一种全新的认识理论。这部超过一千页的鸿篇巨制提出了五个核心论点反对对于纯粹逻辑经验式理解以及心理学化：

1. 纯粹逻辑的规则不需要依照经验支持；
2. 纯粹逻辑是必要的；
3. 纯粹逻辑并非归纳的结果；
4. 纯粹逻辑不受制于因果性；
5. 纯粹逻辑不依赖于事实。

更为关键的是，胡塞尔在接下来的研究中，将这本书中对特定本质规律的分析，从对逻辑的研究引申到了对人类认识以及实践全部领域的分析。也就是说，胡塞尔一方面有意识地批判科学主义以及自然主义的科学化思维方式，另一方面尝试对抗自己所处时期产生的相对主义、怀疑论以及非理性主义。将人类理性简化为工具科学性，这一点正与科学本身对主观化、心理化理论思想的贬斥相呼应。胡塞尔则正是反其道而行，最终完成了自己的《哲学作为严格的科学》(*Philosophie als strenge Wissenschaft*, 1911)。

1901年，胡塞尔受邀前往哥廷根，并在哥廷根与一批杰出的学生一起开展现象学项目研究。他们极具传奇色彩的口号彰显着他们的方法：面向实事本身！(Zu den Sachen selbst!) 他们的方法没有过分的热情、过分的浮夸，而是强调严格的自我约束以及思想过程中方法论上的准确性。在研讨课上，胡塞尔以风趣的方式驳回了年轻学生所有过于庞大的论题："请您给我零钱。"哥廷根时期的胡塞尔将一切现象（即便是最不显眼、最微小的）提升到真实的、天然的事实存在的高度，认为现象是先于或是说不依赖于理论建构而存在的，不是任何科学方法通过特定、片面角度所能理解的对象。对于不言自明的却又是极易忘却的事物的回忆工作则需要一种极端的视角转向，胡塞尔将其称为"悬置"（epoche）。这种转向可以简单地视为"放弃迄今为止所有的理解与观点"。只有抛弃所有预设的规定，世界才能以一种全新的方式将其最为本质的结构袒露出来。也只有这样才能发现，原来将世界划分为主体与客体从一开始便是一种谬误。世界更多的是以一种不可拆分的意向活动（noesis）以及意向对象（noema）结构共同建构的结果。因此，它既不能被单纯视为不具备对象的意识，也不能被视为某种物自体。世界的原初结构更多的是一种"意向性"，正如胡塞尔从其老师布伦塔诺处所继承的思想："具有意识的生命每一个行为都指向它的实行"。我们讨厌某物、我们爱某物、我们期待某物、我们惧怕某物、我们看到某物、我们思考某物，有意识的生命从来无法摆脱这种"复杂程度最低的结构"，从来不能转变为纯粹的主体性，也不能将自己化为单纯的客体。由此，哥廷根时期的胡塞尔所有对于关系的分析研究均可以总结为对迄今为止整个哲学体系本体论式主客二分法的超越。为此，胡塞尔在哥廷根进行了许多艰苦细致的琐碎研究。他让自己的学生以墨水瓶和火柴盒为例进行分析研究的练习。在讲座中，胡塞尔曾针对哥廷根一个不起眼的斜坡展开描述。他的学生莱纳赫（Reinach）曾经在自己开设的研讨课中，整整一个学期都在谈论一个邮箱。这些看起来滑稽可笑的研究却是最为极端、彻底的：物的建构被解释为一个动态的过程。过程中，事物的（暂时的）存在形式均可描绘为尚未实现的、空洞的意向性实现可能。经验可能发生的过程以及各自特殊的类型论均得到了详细的研究。其与生命运动的不可拆分性则可过渡至另外一种"认识的身体先天性"理论。胡塞尔分析了对事物进行感知的全景。每个物体所构成的复杂的综合体都是一种理念，一种对于认识（物体的超验）来说永无止境的任务。除却意向性学说，胡塞尔在此期间还提出了"视域学说"（Lehre von den Horizonten），并成为了其理论中一个重要组成部分。"内在视域"可以视为物体构成所有内在可能的意向性过程的总和；"外在视域"则是指一个现象得以呈现出其所是的样子所需要的外在环境，即现象自身意义背景的边界。而这边界本身又向其他更多的视域敞开。胡塞尔将对于意向性以及视域的分析研究发展为一个以不同模式的意向性、视域结构（数字领域，空间结构，时间结构，身体、动觉的结构，等等）完成有关人类经验以及认识所有可能"区域"研究的理论构想。现象学由此成为对于我们日常经验的本质结构与运转方式描述性的解释工具，成为有关一切有可能出现的意向性以及视域等先验领域的研究科学。正如胡塞尔对彼时已经成为自己同事的莱纳赫谈及现象学研究理论精髓时所说的："先天的领域是极为庞大的。"

接下来我们将以一个比较复杂的实例进一步了解胡塞尔哥廷根时期对于现象学分析方式的思考。我们假设，我在马路上发现了一枚硬币，从其光影看来应该是一枚一欧元的硬币。此时我的脑海中立刻浮现一个有关内涵的"庭院"或者说视域：这枚硬币是某个人丢的。我可以将它拾起揣进兜里。我可以用它给我自己买点东西。它可以在某种意义上满足我点什么。在这一瞬间我将手伸向这枚硬币，弯下腰，结果却令我失望：这并不是一枚一欧元的硬币，而是一枚银色的瓶盖。这失望的一瞬间蕴含着许多前提，并在这一瞬间内爆发。1. 首先发生的一次失望是我本来指向一枚硬币的意向性令我失望了。最终得到的是否定的答案：那不是一枚硬币。2. 它之前散发出来的光芒也不再是一枚硬币的光芒，由此造成的我内心对于这一物件的内在视域发生了变化。3. 在我认为是硬币的地方，事实上是其他的物体，是我之前感知到，现在仍在感知的事物。在这对于同一物体的感知中，存在着两个无法弥合的认定。4. 在第一个感知过程中误以为是金钱散发出来的光芒，在这一瞬间突然被证实是瓶盖的泛光，这种错觉同样也是在"那儿"一并发生的。

5. 失望的经验还蕴含着，新发生的现象中的特定瞬间与失望之前发生的现象的特定瞬间相互重合，例如，钱币的光芒变成了瓶盖的泛光，圆形的形状、平整的表面、物体的大小均完全重合。6. 我在失望的时刻突然意识到，我之前所见的为错觉（看成了其他的事物），在失望过程中以及失望过程之后，我均不会再去产生这种错觉。这时我可以表达，我在失望时刻之前有意向性地把它当成了别的事物。这时我便进入了一个反思的过程。同样归属于这一反思过程的则是（7.）感知本身成为了主题：钱币本身朴实无华（自给自足），而我的感知则（由于失望的体验）变得可以被观察、探索甚至是研究，而这一切都发生在一瞬间的时间里。在这一过程中，意向性的形式也发生了改变。8. 我突然明白，我所误以为是钱币的那个物件仅仅与我之前的意向相关。9. 我同时清楚，这个意向是不相称的：那里并没有钱币。10. 在这之后我又发现，在这不相称中又出现了相称的事物。事情并不是在那个该有钱币的位置，现在有一个瓶盖；并不是什么变形或是模仿，而是那里之前就没有钱币。之前与现在，在那里的都是那一个瓶盖。11. 由此，这个物件整个的外部视域都发生了转变：对于一欧元硬币而言，其外部视域为可用性；对于瓶盖而言，其外部视域则是一个废弃物的无用性。12. 我现在所接触的才是真正的现实，之前的现象则是沉溺于非现实之中。13. 但是吊诡之处在于，我当时确实（在错觉之中）将其视为了钱币。14. 最后，失望的瞬间表示我在同一瞬间没有再度陷入错觉。我现在明确知道了在路面上的那个物件究竟是何物。

上述分析过程中对于一个特定感知瞬间的分析中所罗列出的十四个具有建构意义的观点基本展示了早期现象学研究的核心与魅力。在一切形而上学的、世界观的系统架构受到质疑之时，胡塞尔通过对于最为平凡的日常生活经验，对其深层内涵的挖掘也能使得现实的某种秘密袒露出来：这一切都依赖于严格的分析。同时，现象学式的分析视角在实践过程中营造的与世界保持陌生距离恰恰提供了一种新的靠近世界本质的可能。现象学的分析展现了事实上并不存在绝对孤立的意识活动，也不存在对象自身的结构，存在的仅仅是对事物进行建构的意识过程：一种结合两者的结构。现实主义与理想主义之间不再是非此即彼的关联。胡塞尔给出了自己的口号："看得更多的人，有理。"

但胡塞尔在其《纯粹现象学和现象学哲学的观念》(*Ideen zu einer reinen Phänomenologie und phänomenologischen Philosophie*, 1913) 中进一步将自己的思想极端化。胡塞尔完成了一个"先验哲学转向"，为的便是对以下问题做出解答：所有的意向性行为中，什么是必要的前提；以及是否存在一个视域，可以成为其他一切视域的前提，将一切视域包含在内？对于上述问题的回答包含在"世界"这一话题之中。此时胡塞尔受邀作为李凯尔特的继任者前往弗莱堡。在弗莱堡，胡塞尔广泛开展了有关"内在时间意识的现象学研究"(1893/1917)、"被动综合体"(被动的意识执行)、"主体间性的现象学研究"(1905—1928)等现象学"练习",绝大多数研究成果均被收录在胡塞尔的遗著之中。这些研究手稿分支庞杂,内在关联极度复杂。在其生涯后期,胡塞尔又为哲学做出了另外一个极具创新意义的贡献:通过对彼时兴起的"生活世界"(Lebenswelt)概念的分析,对欧洲科学发展进行批判与审视。虽然已经开始受到纳粹的压迫,胡塞尔依然在其《欧洲科学的危机与超越论现象学》(*Die Krisis der europäischen Wissenschaften und die transzendentale Phänomenologie*,1936)中完成了对于近代以来科学异化特质的分析与研究。凭借这部作品,胡塞尔再度跻身德国哲学历史上犹太理性传统的重要代表人物。他的核心论点为:在现代,科学失去了对于生活的指导意义。不论20世纪30年代逐渐兴起的非理性主义还是全世界技术文明崇拜所带来的威胁,都不再符合理性的观念,不再如古希腊,那个理性作为一种自身不可避免的事件、作为"地基"(Urstiftung)所诞生的时代。科学文化表现出了自我异化的结构。本身作为人类实践产物的科学客观性此时成为了科学理念的对立面,发挥着可以将其摧毁的作用。先验现象学正是从此处切入:通过先验现象学的研究展现,那些被视为客观性的本质世界其实也是源于人类的建构、源于生活世界。"生活世界"成为了在科学客观性对立面所有人类认识、行为的外部视域。胡塞尔对于现代生活世界被遗忘问题的批判成为了一种回溯至人类一切科学实践最为核心部分的极端尝试，并试图以此方式打破客观主义的光晕。以此为主要思想，胡塞尔的科学批判对20世纪科学理论、科学批判、人类学以及历史哲学产生了持续、深远的影响。这一点也彰显了胡塞尔整整一生的功绩：不论是他对于逻辑、认识论中心理主义的批判，还是一种先验现象学的开创，都是思想史上不可磨灭的功劳。与其学术功绩相应，胡塞尔真的堪称桃李满天下。

胡塞尔最为重要的学生有：

马克斯·舍勒发展出了一种人格主义的现象学和质料的价值伦理学 [《伦理学中的形式主义与质料的价值伦理学》(*Der Formalismus in der Ethik und die materiale Wertethik*)，1913—1916]，并将现象学拓展至宗教哲学研究领域之中 [《论人之中的永恒》(*Vom Ewigen im Menschen*)，1921]。尼古拉·哈特曼 (Nicolai Hartmann，1882—1950) 从本体论的角度进一步发展了现象学 [《知识的形而上学纲要》(*Metaphysik der Erkenntnis*)，1921]。莫里茨·盖格尔 (Moritz Geiger，1880—1937) 著作了《审美享受的现象学》(*Phänomenologie des ästhetischen Genusses*，1913)。阿道夫·莱纳赫尔 (Adolf Reinach，1883—1917) 在1913年发表出版了《民法的先天基础》(*Die apriorischen Grundlagen des bürgerlichen Rechtes*)。伊迪丝·施泰因 (Edith Stein，1891—1942) 在其《论有限与永恒

的存在》(*Endliches und ewiges Sein*，1950) 中将胡塞尔的现象学理论与存在哲学中托马斯主义以及奥古斯丁的形而上学结合在一起。威廉·沙普 (Wilhelm Schapp, 1884—1965) 提出了一套独特的、对我们所陷入其中的历史进行描绘的现象学 [《深陷历史之中——物与人的本质》(*In Geschichten verstrickt. Zum Sein von Ding und Mensch*)，1953]。马丁·海德格尔 (Martin Heidegger, 1889—1976) 作为胡塞尔教席的继承者则成为了胡塞尔最为著名的学生。

与此同时，现象学对于文学研究 [以英伽登 (Roman Witold Ingarden, 1893—1970) 为代表]、神学以及社会学等其他学科同样影响深远。

社会学家阿尔弗雷德·舒茨 (Alfred Schütz, 1899—1959) 将现象学的研究方法引入到了社会研究之中。在其《社会世界的意义构成》(*Der sinnhafte Aufbau der sozialen Welt*，1932) 中，舒茨以不同社会生活方式中一些本质问题的观察与分析为基础，对这种意义建构进行了探讨。

其实现象学早先便已在国际范围内（特别是在法国，胡塞尔1928年曾在巴黎讲学）产生了巨大的影响。加布里埃尔·马塞尔 (Gabriel Marcel, 1889—1973) 吸纳胡塞尔的思想，并将其拓展至宗教哲学的领域，出版了《存在与所有》（法文版，1935年；*Sein und Haben*，1968）。萨特完成了认识论研究 [《论自我的超越性》(*Die Transzendenz des Ego*，1936)]。

对于现象学本身的发展影响最大的则是莫里斯·梅洛-庞蒂（Maurice Merleau-Ponty, 1908—1961）的重要著作《知觉现象学》（法文版，1945年；*Phänomenologie der Wahrnehmung*, 1966）。书中梅洛-庞蒂将感性经验的身体基础作为自己研究的中心，并在随后出版了《可见的与不可见的》（法文版，1964年；*Das Sichtbare und das Unsichtbare*, 1986）。勒维纳斯（Emmanuel Lévinas, 1906—1995）则将现象学向一个本体论的伦理学的方向继续发展，将人与他者之间的交往视为"邻人"（Mitmenschen）的基础〔《异于存在或本质之外》（*Jenseits des Seins oder anders als Sein geschieht*, 1974）〕。早在1930年，勒维纳斯便对胡塞尔的认识论展开了思考〔《胡塞尔现象学中的理论观》（*Die Theorie der Anschauung in der Husserlschen Phänomenologie*）〕。保罗·利科（Paul Ricoeur, 1913—2005）则在解释学以及叙事问题框架内对现象学进行了创新性的思考。

甚至在英美世界，现象学同样获得了接纳。1929年胡塞尔为《大英百科全书》撰写了"现象学"的词条。1939年国际现象学学会在纽约成立。

第四章 —————— 存在的意义——
马丁·海德格尔

1909年至1913年，来自德国西南巴登邦的梅斯基希（Meßkirch）的马丁·海德格尔（Martin Heidegger，1889—1976）在弗莱堡的布莱斯高（Breisgau）攻读哲学与神学。早在1907年，海德格尔便通读了弗朗茨·布伦塔诺的著作《根据亚里士多德论"是者"的多重含义》(*Von der mannigfachen Bedeutung des Seienden nach Aristoteles*, 1862)。在大学学习期间，海德格尔深受其神学教授卡尔·布雷格（Carl Braig）的作品《有关存在》(*Vom Sein*)以及胡塞尔的《逻辑研究》的影响。1913年，海德格尔完成了自己名为《心理主义的判断学说》(*Die Lehre vom Urteil im Psychologismus*)的博士论文的撰写。在其教师资格论文中，海德格尔研究了《邓·司各脱关于范畴学说和意谓理论》(*Die Kategorien- und Bedeutungslehre des Duns Scotus*, 1915)。在其教师资格报告中，海德格尔探讨了《历史科学中的时间概念》(*Zeitbegriff in der Geschichtswissenschaft*)。他越来越深入地思考超验哲学和新兴现象学的基础，特别是世界和生命的指导性概念。1920年，海德格尔成为胡塞尔的助手；1923年成为了马堡大学的教授。在其最具学术生产力的马堡时期，海德格尔与神学家布特曼（Rudolf Bultmann，1884—1976）的合作亲密无间，其间，海德格尔还通过开设有关本体论以及解释学的讲座，培养了汉斯–格奥尔格·伽达默尔（Hans-Georg Gadamer）、卡尔·洛维特（Karl Löwith）、汉娜·阿伦特（Hannah Arendt）、汉斯·约纳斯（Hans Jonas）等一众杰出学生。与此同时，海德格尔完成了《存在与时间》(Sein und Zeit)的撰写，并最早刊登于胡塞尔1927年编纂的《现象学年鉴》中。这部著作最终成为了20世纪最为重要的哲学著作之一。谈及海德格尔这段时间的经历时，在此期间充当其副手的伽达默尔总结道："一夜之间，举世闻名。"海德格尔的写作经常是晚上在其位于黑森林内的小木屋中完成的。1928年，海德格尔受邀作为胡塞尔的继任者前往弗莱堡任教[第一个讲座题为《什么是形而上学?》(Was ist Metaphysik?, 1929)]。海德格尔进一步深化了《存在与时间》中对于康德超验哲学的批判与重构[《康德与形而上学疑难》(Kant und das Problem der Metaphysik, 1929)]，并在达沃斯与新康德主义者恩斯特·卡西尔展开了著名的达沃斯论辩。

1933年海德格尔出任弗莱堡大学校长，发表了题为《德国大学的自我宣言》(Selbstbehauptung der deutschen Universität)的讲话。讲话中，海德格尔呼吁学生以自己的行动完成"工作、兵役以及知识"上对于国家的服务。此时海德格尔已经加入了纳粹党（NSDAP）。鉴于其纳粹统治时期的行为，1945年至1951年期间海德格尔受到审查并被禁止授课，学界对其看法也由此划分为两派。海德格尔起初希望纳粹可以为德国带来积极的影响，但随后的发展使得海德格尔态度有所改变。因而直到1944年，海德格尔在讲座中都致力于对德国唯心主义、荷尔德林、尼采等人思想的研究，这也可以理解为与纳粹意识形态批评性的疏远。1952年退休后，他多次举办广受好评的讲座和组织研讨会。海德格尔晚年的思想主要在于对先前哲学传统的告别。海德格尔自己将这一过程称为"转向"，而这一转向，正确理解的话实际上早已萌发。1966年《明镜》周刊对海德格尔进行了有计划的采访；依照海德格尔本人的意愿，相关内容直到其去世后才得以发表。这篇有关其晚年极端、批判哲学思想的采访选择了《只有一位神才能拯救我们》（*Nur noch ein Gott kann uns retlen*）作为题目。

究竟是什么让《存在与时间》成为如此杰出的一部哲学著作？海德格尔提出了两个极端的基本问题：有关存在的意义的问题——一个在海德格尔眼中自古典时期起在哲学体系中始终没有得到正确对待、回答的问题；有关存在的基本问题：究竟为什么存在者存在而"无"反倒不存在？——一个莱布尼茨、谢林均曾提出过，但直至今日都没有获得回答的问题。面对这些问题，海德格尔在《存在与时间》中对传统物质本体论展开了彻底的批判。海德格尔以一种创新的方式呈现了真理问题，将对现实（Wirklichkeit）与潜能（Möglichkeit）（亚里士多德的energeia以及dynamis的概念）的经典分析放置于他对人类此在的思想背景之下，以人类存在为视角对经典的分类学进行了转型。除此之外,《存在与时间》中还浓缩了所有海德格尔之前研究中使用、创新的主要方法与主题。这些研究大概可以划分为五个层次：1. 传统本体论以及柏拉图、亚里士多德的形而上学；2. 康德为首的超验哲学；3. 胡塞尔为代表的现象学；4. 打上西美尔与狄尔泰烙印的生命哲学与解释学；以及5. 保罗斯与克尔凯郭尔影响下的存在主义宗教以及神学视点。

虽然这些层次的划分仍然存在人为性且可以进行进一步细分，但海德格尔还是通过这些层次的划分对欧洲哲学历史（或者说整个西方国家的理性史）的核心观点展开了独具慧眼的分析与研究。最为重要的便是海德格尔对本体论以及形而上学以一种批判式解构视角进行的回顾。在海德格尔看来，本体论与形而上学并不适用于对人类生命（此在）的理解与分析。海德格尔对超验哲学的接受同样是批判与解构式的：康德关于时间的分析，特别是其在《纯粹理性批判》中所提出的模式，都不适合用来分析人类生活的时间性。海德格尔对于胡塞尔现象学的接受则主要在方法论上反对其意识哲学的前提和主客体差异，因为海德格尔正是尝试在主客体差异之外思考人类"在世存在"过程性的整体。与胡塞尔的笛卡尔主义相反，在《存在与时间》随后的章节中，——虽然很多地方都表现出对现象学明显的宣扬，——海德格尔对胡塞尔展开了根本性的批判与转型。书中有关生命哲学以及解释学的部分（探讨理解的基础）梳理了从西美尔与狄尔泰一直上溯至叔本华与尼采的著作,并被海德格尔进行了创新性的转型——一方面通过引入克尔凯郭尔的存在主义辩证法,另一方面则是通过海德格尔特有的对于亚里士多德实践分析的使用。由此,海德格尔将"操心"的结构与亚里士多德意义上的"欲望"(orexis)结合在一起;将"良心"的结构与"实践智慧"(phronesis)结合在一起。对于《存在与时间》通行的研究方向均引向了生命哲学式的解释学,或者用海德格尔的术语来说——生存分析(Existentialanalyse)。在这种分析之中,海德格尔对于人类生存当中真实的与非真实的形式进行了区分。存在-宗教以及神学部分引出了本真的存在方式:(涉及人类的)良心、罪责、恐惧与死亡。这一部分分析占据了《存在与时间》中的大部分篇幅。保罗斯、约翰、奥古斯丁、路德以及克尔凯郭尔则构成了这部分分析的"潜在文本"。

所有上述层次均通过转型的方式汇聚至对于人类存在的解析之中。这种转型是如何系统地发生的?这一点可以在《存在与时间》论证过程的七个阶段中获得解答。1. 根据海德格尔的观点,对于存在的意义这一基本问题的讨论在过去超过2500年的时间中均没有得到正确的对待。2. 对于这个问题的解答只能依靠回顾单个的"存在者",回归这个唯一可以"理解"存在的事物,即人类本身,或者用海德格尔的话说,回到"此在"。3. 此在的本质是"在-世界-中-存在"(in-der-Welt-sein)。令人津津乐道的正是海德格尔在这一定义中,字与字之间加入的连接符。正是这些连接符以一种有意为之的形式表明，对于存在形式而言，其内在结构是无法拆分的。针对这一本质，海德格尔展开了广泛的"世界分析"，这也构成了《存在与时间》一书中第一个重点。海德格尔对于"上手状态"(Zuhandenheit)与"现成状态"(Vorhandenheit)的区分也正符合这一背景。借助上述两个概念，海德格尔对美国的实用主义（特别是拉斯克的思想）中的一些元素进行了援引。当我使用某物时，它便是"上手的"，例如一把剪刀或是一把椅子；当我仅仅观察某物时，它对我而言便是"现成的"。如果一个理论仅仅是倾向于"现成的本体论式的"，便忽略了我们人类的世界本质上是通过我们的实践与技术在各个层面进行建构的。4. 因此，海德格尔认为"在-世界-中-存在"的本质在于"操心"(Sorge)。以此为基础，海德格尔提出了一套分析人类行为的基本方案，一种有关人类实践的解释学。5. 人类"操心"实践的本质在于时间性，正如操心的概念正是建立在人类本身的有限性以及必死性之上，一种"向死而生"(Sein-zum-Tode)。6. 以此为基础，人类此在的历史性才能变得可以理解。7. 人类的生活时间正是原初的时间，正是基于这一时间性才可能衍生其他的时间——历史时间、计时时间、物理学意义上的时间等等。《存在与时间》在此以疑问的方式戛然而止："时间是否自己表露为存在的视野？"除却上述七个基本的分析步骤以及在之前提到的五个层次，《存在与时间》中还可以归

结为下列四个基础的区分。而这四个区分不仅揭示了全书的方法论,更可以将其结构脉络勾勒出来:

1.第一个区分:对于存在问题和整个迄今为止的本体论的解构以及海德格尔自己提出的创新性的本体论均基于一个核心的区分,即,存在的-本体论的区分——存在者(das Seiende)与存在(das Sein)之间的区分。在此过程中,海德格尔首先将存在理解为存在者的"它存在",随后才将其广泛地理解为存在的意义。海德格尔的批判论点指出,这种区分在传统上始终没有得到重视。传统中始终将"存在"或者说"存在者存在着"(使其是其所是的事物)与其意义混为一谈,并仅仅在纯粹存在者的层面谈这个问题。

2.第二个区分:对于人类存在分析、存在主义分析学最为基础的区分——范畴与生存论的区分。这种区分意义在于标识一些概念间本质的区别:将我们在谈论没有此在的存在者、非人类现象过程中所应用的概念,与我们以一种反思的方式观察我们自身以及我们自己具有时间有限性的生命、审视我们的实践以及自我理解过程时所应用的概念进行区别。前者被海德格尔称为"范畴"(这也正是传统分类学的领域),后者则称为"生存论"。

3.另一个与方法论相关的基本区分是对于"具体生存"(Existenziell)与"生存论"(Existenzial)之间的区分。"具体生存"（在存在状态层次上的）所关注的为人类真实、具体的生活实践以及生活经验；生存论（在存在论层次上的）则是对于具体生存层次进行理论性的哲思。就语言哲学而言，人们可以在此把哲学的、理论的元语言与普通的日常语言区分开来。

4.最后，海德格尔对于本真（Eigentlichkeit）与非本真（Uneigentlichkeit）的区分勾勒了《存在与时间》一书的整体结构。人类存在的"非本真结构"有关人类"平均的""日常的"行为方式以及自我理解；"本真结构"则主要涉及临界以及极端体验。日常生活中习以为常、千篇一律、例行公事、表面寒暄的部分均是"非本真"的。重要决定、特殊体验、罪责、对于自己以及他人的责任、不可交换性等等均可以算作是"本真的"。书中进行的对于时间的分析本质上都是有关于这种理解。通过大量复杂的个例分析，《存在与时间》展开了有关本体论的差异、"生存论上的东西"与"范畴"之间的差异以及一个创新的世界概念的讨论；除此之外，还梳理了上手状态与现成状态的差异、从"存在"到"时间"的路径、时间的绽出结构以及从"非本真"到"本真"的理路。海德格尔将此种反笛卡尔主义的世界分析发展为一种有关日常性与世界建构实践的解释学。其本质在于，存在的结构深藏于日常性（以及不显著性）之中，想要打破这种深藏状态首先便是要"去蔽"。海德格尔将其称为"临近的遥远"。日常生活中复杂的理解情景构成了一种因缘的整体（Bewandnisganzheit）。这种因缘的整体形成了一种时空上的关联。我们操心的实践始终是与某物发生的行为,而这首先会带来的就是意义的构建。不论是美国实用主义(詹姆斯、皮尔士、杜威)还是维特根斯坦后期对于意义的分析都与此相关。

日常性解释学的细微结构展现在操心实践的时间性之上。它最微小的综合体被海德格尔称为"已然在世界存在中的领先于自身作为寓在世内的–相遇的存在者"。在这个最微小综合体破碎的结构中,未来、过去以及瞬息万变的当下"同等源始"地交织在一起。每当我可以回忆过去,还将其贮存在我的意识之中,我都已经领先于未来。这样我才可以在"当下"对我生活的场景进行感知与理解:不论是我去往何处、聆听音乐、倾听他者、阅读书籍还是吃饭、做梦。这种绽出(ekstatische)的"时间性到其时机"(Zeitigung der Zeitlichkeit)先于一切行为与理解,充当其前提。"绽–出"(Ek-stasen)作为一种停滞、一种瞬间的时机,正是当且仅当过去、当下与未来三者共同作用方能建构意义的时机。认识、感知、有计划的行为、理解、场景的体验——一切的一切都是经由时间性才变得可能。

随后,海德格尔在此基础上以死亡为视点提出了一个本真的自我理解的结构设想并将时间视为存在绽出的视野。海德格尔以罪责、良知、恐惧以及必死性的分析为范例展示了绽出的－时间的、有限的、人类在世界之中存在状态不可定的整体。此在是它所不是，不是它所是：它是它自己的"不之状态"（Nichtigkeit）。"绽出的时间性照亮了是的原初状态"。《存在与时间》也正是以对于时间的基本疑问作为存在最后的视野，随之戛然而止。

《存在与时间》在国际范围内广泛、深远的影响大致源于以下一些原因：针对传统的现成状态本体论，提出了世界建构的一种超验实践；发展了一种存在论的分析方法，取代对人类存在客观主义的、分类式的曲解；开创了一种全新的解释学；揭露了一种绽出的具体存在时间性；将所有这些问题的分析归于探寻存在的意义、探寻对于人类本真自我理解的途径，并在此过程中提供了与伦理学、政治学、心理学以及神学间建立关联的可能。

对于《存在与时间》国际范围内持续不断的推崇大致可以分为八个接受阶段：

1. 将其视为存在哲学、存在主义产生与发展的基石（雅斯贝尔斯、萨特、加缪以及下文将要谈到的存在主义神学）。
2. 推崇其对于解释学在理解分析上做出的贡献（伽达默尔）。
3. 将其视为现象学的进一步发展。梅洛－庞蒂在其《知觉现象学》中将存在论的分析方法进一步发展至对于认识中身体－先验基础的分析。列维纳斯现象学式的宗教哲学以及"他者"伦理学同样源于海德格尔的本体论批判。胡塞尔晚年的"危机"

系列同样受到了海德格尔的影响。4. 第四个接受群体为心理学、精神病理学以及精神分析学。路德维希·宾斯万格（Ludwig Binswanger）以及梅达特·鲍斯（Medard Boss）开创了存在分析学的心理学，并试图借此超越海德格尔的此在分析以及弗洛伊德的实证主义倾向。海德格尔有关存在论差异的讨论则影响到了雅克·拉康（Jacques Lacan）的精神分析学。5. 以马尔库塞（Herbert Marcuse）及其学生为首的新左派（Neue Linke）提出了"海德格尔-马克思主义"。马尔库塞的著作《单向度的人》（*Der eindimensionale Mensch*，1964）在研究生存论分析学时也成为了无法绕过的经典。所谓的单向度便是指人陷入非本真的存在之中，沉溺于晚期资本主义社会无意义的消费与商品世界之中。与之相反的维度则是本真的存在方式——大写的拒绝，投身于真实可靠的本真。6. 另外一个接受阶段则是海德格尔对于结构主义、后结构主义、解构主义以及后现代主义的影响。米歇尔·福柯（Michel Foucault）对于话语的分析与海德格尔对于存在史的论述拥有异曲同工之妙。福柯提出的移情式的"操心自己"正是回溯至海德格尔对于操心的分析。《存在与时间》同样对雅克·德里达（Jacques Derrida）及其最为基本的延异概念产生了深远影响。7. 国际范围内对于当下的讨论都在许多层面上受到了《存在与时间》的影响。其最大的影响莫过于对于日常性以及世界建构实践本身深层次的讨论，并引发了欧陆哲学与分析哲学之间深刻的论战。《存在与时间》及其所提出的"在-世界-中-存在"的分析方法与吉尔伯特·赖尔（Gilbert Ryle）以及维特根斯坦语言哲学的理论之间的紧密关联早已不言自明，维特根斯坦更是曾经明确地提出过自己对于海德格尔思想的理解。理查德·罗蒂（Richard Rorty）将《存在与时间》视为维特根斯坦晚期哲学思想的早期形式。布兰顿（Brandom）则认为当时正是《存在与时间》中实用主义的系统元素以及在建构方面的内涵为分析哲学以及语言哲学提供了关联点。8.《存在与时间》同样对国际范围内的"文化对话"影响深远，特别是欧洲与亚洲之间的对话。正因如此，《存在与时间》甚至存在七个日译版本。在所有上述接受与转型中不难看出《存在与时间》确实无愧20世纪最为重要的哲学著作之一。

纳粹统治期间，海德格尔曾在1933年和1934年尝试将自己的思想与对于德国人民思想的革新以及对于科学、大学设置的思考结合起来。这一尝试最终以失败告终，海德格尔随即转向了对于现代社会中畸形现象的彻底批判[《超越形而上学》（Überwindung der Metaphysik，1936—1946）；《世界图像的时代》（Die Zeit des Weltbildes，1938）]。在此期间，海德格尔大量地与对荷尔德林的文学创作的阐释结合在一起[《荷尔德林与诗的本质》（Hölderlin und das Wesen der Dichtung，1937）]，推崇荷尔德林对于"困乏的时代"以及"逃逝去的诸神"的悲叹。与此同时，海德格尔还在分析中援引了尼采有关上帝已死以及虚无主义的学说［《尼采》(Nietzsche-Vorlesungen, 1936—1941)］。正是在这段时间,海德格尔创作了自己第二部重要著作《哲学论稿》(Beiträge zur Philosophie, 1936—1938, 1989年正式出版)。海德格尔在其以存在论为基础的问题意识上,对从柏拉图理念说至尼采思想为止的西方思想中关于"存在问题的遗忘"做出了诊断:人类不断以新的方式遗忘"存在",将其物化,并以此为基础从根本上忽视它、误解它。因此,这种物化的思想甚至延伸至对于神的想象,认为其为"最高形式的存在者"以及将人类视为具有理性的生物和具有认识能力的主体。海德格尔指出,这种思想不断倾塌,直至在近现代简化为技术与自然科学所提倡的理性,并以暴力的形式强迫整个地球对其接受。即便人类确实成为了世界的中心,他依然无法克服这种对于存在的遗忘,这恰恰印证着自己的健忘。[《关于"人道主义"的信》(Brief über den 《Humanismus》, 1947)] 另一方面,海德格尔尝试为"思想"寻得"另一种开端",这种尝试同样指向了所有海德格尔之前的哲学传统。海德格尔尝试将存在视为一个过程,将其理解为一种"本有",而正是它使得世界以及人类成为可能。海德格尔思想最为明显的"转向"便是在于他自此开始不断尝试以全新的方式将这种"本有"形象化(为了区分于存在,海德格尔在此以相同发音的 Seyn 代替了原本作为存在概念的 Sein)。海德格尔还尝试在前苏格拉底时期的思想(如巴门尼德以及赫拉克利特)中寻找有关存在的思考（1942—1944年讲座）。对于"本有"的思考（以及追忆）使得晚年的海德格尔对技术展开了全面的批判，将其视为人类物化世界实践的具体范例。在这条迷途之上，人类完全忘却了自己的有限性，拒斥一切神迹的神奇之处，忘却了是存在使得一切存在者变得可能。为了迷途知返，海德格尔尝试以全新的方案以及图像去思考人类的生存场景：作为在一个被其称为"四合思想"（Geviert）的短暂的、全面的意义关联之中的"居住"（Wohnen）。四合思想具有四个意义维度——大地、天空、死亡（对人类而言）以及神性（其他人类所不具备的意会过程）。人类与生俱来便被置于这种"本有"之中，在这种统一体组成的"四合思想"之中生存。所有的技术与实践如果想要让自己充满意义便必须在有限性的情况下进行这种意会过程。所有的"物"均首先出现于四合思想之中[《物》（*Das Ding*，1954）；《对于技术的思考》（*Die Frage nach der Technik*，1954）]。只有当我们深入至我们自身的有限性、必死性、贫乏性，并意识到存在我们所无法掌握的事情（这里明显可以看出是对于《存在与时间》中对于死亡的生存论式的分析的延续），只有这样，我们才能放弃那些对于我们本不具有的能力的痴眷（作为世间万物的统治者）；只有这样我们才能开始真正地进入最为自然、本初的生活基础，能够真正意义上"居住"于意义的本真之中，在其中进行建筑。[《筑·居·思》（*Bauen, Wohnen, Denken*，1954）；《泰然任之》（*Gelassenheit*，

1959）]。从荷尔德林的诗歌中，海德格尔获得了激发其对有关可以揭示意义的抒情语言意义进行思考的刺激。

海德格尔认为，在"思考中作诗"可以达到一种新的"思想的虔诚"，而这种虔诚向意义的"秘密"敞开着［《荷尔德林的天地》(*Hölderlins Erde und Himmel*，1950)；《何谓思考?》(*Was heißt Denken*，1954)]。海德格尔晚期，在其有关存在的思考经历了所谓"转向"之后，同样得到了世界范围内广泛的接受。特别是汉斯·约纳斯（Hans Jonas）以更为简单易懂的方式延续了这些思想（见后文）。不论是在批判技术哲学还是在生态学思考中，海德格尔直至今日都仍被视为最受推崇的思想先驱。海德格尔的尝试，开创了对于存在的理解，基础本体论上的"另一个开端"，一个不同于欧洲自古典时期以来视为传统的"在场"，将其引向了其他文化与宗教（主要是亚洲的）的思想领域。对读过海德格尔晚期作品的很多人来说，海德格尔提早五十年便以自己的方式预示到了如今广泛讨论的环境污染、气候变化以及计算机技术的重要意义。

第五章 存在主义哲学与存在主义

存在主义哲学与存在主义代表了20世纪哲学另外一个极为重要的思想方向。克尔凯郭尔、海德格尔、雅斯贝尔斯、萨特与加缪则构成了这一思潮的哲学背景。

卡尔·雅斯贝尔斯（Karl Jaspers，1883—1969）曾是精神病学医生并编纂出版了《普通精神病理学》(*Allgemeine Psychopathologie*，1913)，之后又出版了《世界观的心理学》(*Psychologie der Weltanschauungen*，1919)。在其主要著作《哲学》(*Philosophie*，1932)中，雅斯贝尔斯通过三卷分别对"世界观"、"生存阐明"以及"形而上学"展开了一系列对于形而上学所关涉的主题——世界、精神以及神等概念的存在主义哲学式的阐释。对于雅斯贝尔斯而言，研究重点在于诸如痛苦、斗争、罪责与死亡等"临界状态"(Grenzsituationen)。在这些临界状态中，我们才能感受到自身的自由与无限制性。正是这些临界体验将人类从未知、惊悚与恐惧中引渡至爱、信仰与幻想。雅斯贝尔斯对于"超越"的存在主义式的理解将矛头指向了传统宗教以及神学，尝试将绝对的超越视为一种原初式的"一"，其中包罗万象。这些问题只能通过一些间接的方式，如通过密码的方式进行呈现。1961年，雅斯贝尔斯便在其《超越的密码》讲座中具体进行了演示。与克尔凯郭尔相同，雅斯贝尔斯同样推崇一种负面式的基本经验，认为存在的建构由矛盾性、可疑性、破碎性等负面经验完成。雅斯贝尔斯所做的正是"在失败中获悉存在"（im Scheitern das Sein zu erfahren）。晚年的雅斯贝尔斯致力于研究政治上的一些基本问题，如德国的罪责问题、探讨德国的将来以及核军备的扩充问题。

将雅斯贝尔斯早期医学和精神病学的背景［如雅斯贝尔斯的医学博士论文《思乡与犯罪》(*Heimweh und Verbrechen*, 1909)；及其自身所罹患的慢性肺病以及心脏病］纳入考虑范围对于理解其思想是非常有必要的。人类的受迫害性对于雅斯贝尔斯而言是那般的如影随形。由于与一位犹太人结婚，雅斯贝尔斯1933年被免去了海德堡大学的教授职务。他与自己的夫人选择了继续留在德国，终日面临着被进一步驱逐的危险。他们也因此始终随身携带药物，以备于迫不得已的时刻服用自杀。1945年美国军队的进驻最终解救了雅斯贝尔斯。战后，雅斯贝尔斯于1948年受邀前往巴塞尔大学出任哲学教授。在巴塞尔大学任教期间，特别是其对于政治学具有指导性意义的著作，如《罪责问题》(*Die Schuldfrage*, 1946)、《论历史的起源与目标》(*Vom Ursprung und Ziel der Geschichte*, 1949)、《原子弹与人类的未来》(*Die Atombombe und die Zukunft des Menschen*, 1958) 以及《联邦德国意欲何往?》(*Wohin treibt die Bundesrepublik*, 1966) 等均影响深远。这一切都与作为作者的雅斯贝尔斯本人戏剧性的名誉以及个人公信力密不可分。

雅斯贝尔斯对于政治的批判意识及责任心主要体现在他以界限、危机为视点对人类生存状况方面敏锐的分析之中。与此同时，雅斯贝尔斯特别强调，理性的发展指向一种民主的文化与文明，并最终作用于个体之上，"沉淀下来"，在其身处生存危机之时，为个体提供可靠的、基于道德的指引。因而，在其主要著作《哲学》中，雅斯贝尔斯将人类有关罪责、斗争、痛苦以及死亡的"临界状态"（"临界状态"也正是其基本概念）作为分析的中心，将其称为"生存阐明"(Existenzerhellung)。因为这正是一种阐释方式，一种可以揭示人类存在最为基础的可能的方式。这种阐明拥有对人类生存经验从普遍概念到个体生存的具体形式进行先验反思时所必要的方法论。这种个体生存既不是客体又无法将其具象化为世界中的某一部分，仅能在未知中作为被剥夺的、不具备的进行理解。哲学上对于生存的阐明将思索引向了意识的边缘；它所遇到的窘境打开了通往"生存着的思维"的维度。这一思维本身也正是生命具体的本质。通过这种方式，在临界状态下人类存在最为真实的维度得以呈现：在死亡中探寻勇气与平静；在罪责中分析责任；在争斗中思考爱情；在痛苦中找寻幸福。

雅斯贝尔斯认为，对于临界情状存在主义式的反思同样适用于形而上学与理性。理性的界限指向一种绝对，一种我们在观察自然、自由以及历史时，以"超越的密码"为媒介（然而密码对于我们来说从来都是无法进入的），在具体的文化与宗教中感悟到。"超越的密码"目的在于"统摄"(das Umgreifende)。雅斯贝尔斯将"统摄"视为其形而上学的核心概念，将其视为人类一切超越、意义生成的基础，并将其与原初的存在区分开来。为此，雅斯贝尔斯以七种不同的方式进行了实例分析：此在、意识、精神、生存、世界、超越以及理性。由此，雅斯贝尔斯以自己的方式发展出一套独特的对于存在进行分析的方法，一种有关于理性以及宗教哲学的视角，并将主要的矛头指向了宗教批判［《面对启示的哲学信仰》(*Das philosophische Glaube angesichts der Offenbarung*，1962)］。只有意识到临界存在与"统摄"的理性方能通往真理以及真正的人性。

二战以后，让-保罗·萨特(Jean-Paul Sartre，1905—1980)与其相伴一生的女友西蒙娜·德·波伏娃(Simone de Beauvoir，1908—1986)成为法国存在主义绝对的代表人物。二战对人类社会物质以及精神上的毁灭性打击使得生活在其中的个体只能退回到个人的存在之中。萨特在其小说《恶心》(*La nausée*，1938)以及剧本《群蝇》(*Les mouches*，1943)中均成功地再现了此时的情境，并在其重要著作《存在与虚无》(*L'Être et le Néant*，1943)中对这一时期进行了详尽的分析。萨特1933年曾就读于柏林，因而深受胡塞尔、黑格尔以及海德格尔思想影响。萨特区分了人类在意识与自由方面的"自为的存在"(Für-Sich-sein)以及客观现实无意识的"自在的存在"(An-sich-sein)。萨特认为,"自为存在"由"虚无"(das Nichts)所建构。以存在主义的辩证法来表述则是:我们是,我们所不是的;我们不是,我们所是的。事实与超越相互决定。与此相应的是萨特对于自由概念的极端理解:我们被判处自由的刑役。人类的存在是偶然且荒诞的。这种情状同样存在于人类的"自为存在"之中。萨特将"他者的目光"视为最为基本的客体化工具,在异化以及失败的背景下分析了人类的爱、欲望、恨以及冷漠等情感。即便是萨特另外一部蜚声欧洲的著作《存在主义是一种人道主义吗?》(法文版,1940年;*Ist der Existentialismus ein Humanismus?*,1946)同样没有脱离上述基本的虚无主义倾向。随后萨特迎来了自己的马克思主义时期,并创作了《辩证理性批判》(*Die Kritik der dialektischen Vernunft*)。萨特将马克思主义思想的基本概念(如实践、工作、异化等)进行了存在论的阐释。但即便在如今已被分析过的共同体以及群体形式中,个体的存在性异化仍然是无法克服的。尽管如此,萨特在政治上依然非常活跃。1964年萨特获得诺贝尔文学奖并拒绝领取该奖项。在其晚期作品《家庭的白痴》(*Der Idiot der Familie*)中,萨特详细地分析了法国著名作家福楼拜的生平与著作。萨特的遗著中还有一部有关伦理学的理论哲思,其主要思想便是探讨人类存在无法避免的窘境。20世纪五六十年代萨特荣登最具影响力的知识分子之列。1980年萨特的葬礼上更是有超过五万人前来为这位杰出的哲学家送行。

细观其著作不难发现萨特深受胡塞尔现象学的影响。萨特早期作品《自我的超越性》(*La transcendence de l'Ego*，1936/1937，部分完成于柏林求学期间）中这一点便十分明显地显现出来：在对胡塞尔的意向性分析进行极端的延续之后，他批评了任何有关于自我的客观化理解。一切意识过程，包括我们每个人具体的自我意识都已经不再仅仅局限于对世界的归属，萨特由此提出一个"前反思的我思"(präreflexives Cogito)，一种在意识之前便已洞悉一切的意向性行为、一种对于所有客观意识而言是一种无法侵占的"虚无"的事物。这里所说的"虚无"所指的是即兴与自由；非个人或者说前个人的意识；思考；反思；自我以及我思所开辟的一片"先验的领域"。萨特以这种方式从根本上批判了主体主义、唯我论以及对于一个"私人的"内在世界的想象。在该时期小说以及戏剧创作中，萨特便集中表现了人类存在的偶然性以及无根性。

萨特的主要著作《存在与虚无》对上述思想进行了深化。《存在与虚无》中，萨特从根本上区分了"自为的存在"以及"自在的存在"，并将两者置于辩证关联之中。由此，萨特延续了胡塞尔的现象学以及海德格尔的存在主义思想，并将其与黑格尔的辩证法关联起来（具有讽刺意味的是，法国对德国传统的这种接受因此被称为"三H"，因为三位哲学家姓氏首字母均为H）；对于虚无、事实以及超越的辩证思考，对于无根性、个体现实性以及个体无法规避的、始终试图超越的必然性，勾勒出了每个个体生存状况中基本的构成结构，一种"被判处自由的刑役"。萨特的目的在于，以一种否定辩证法的方式，在一切对于人类自由、自治的强调中将人类存在（延续克尔凯郭尔以及海德格尔对于"被抛掷"于死亡、恐惧以及罪责的分析）的一切荒诞之处袒露出来，使人类对于自身的存在有所意识，拒绝托辞、反对幻想。因此，主体间性（Intersubjektivität）在《存在与虚无》之中同样不是一种克服荒诞的可能。人与人之间更多的则是两个"虚无的"自由之间的交互：他者通过自己身体的、可被客体化的在场为我打开了以我的"目光"凝视他、物化他为途径，将其视为客体的可能。而这一点反之亦然。这种将他者物化的意图——"自为存在"便是尝试消除他者的距离、剥夺他者的自由。萨特由此对如语言、爱情、欲望、冷漠、仇恨、施虐以及受虐等生活交际方式展开了分析，将自己存在主义辩证色彩的自由理论最终与弗洛伊德的心理分析结合在一起：尽管人内心受潜意识与无意识的制约，但人依然尝试在道德责任中寻求生存的自由。

然而，萨特在其影响极大的文章《存在主义是一种人道主义吗?》之中将荒诞、偶然性以及道德性相互结合的尝试未能成功。文中更多地是再一次极端地展现了人类职责的堕落性：萨特认为并不存在神或者其他形式的宗教支持；即便是道德价值以及规范，对于人类具体事项的决定也无法起到指导作用；因此，人类饱受长期的恐惧、绝望支配（这里其实又是克尔凯郭尔的分析，只不过去除了宗教救赎以及"跃入"信仰的部分）。通过我自身的自由，我也意识到，我周围的他者与我的自由相遇，又制约着我的自由。然而这并不会减弱我的恐惧。不论如何努力，荒诞与偶然、失败与异化均无所减损（这里可以联系雅斯贝尔斯的思想）。人并没有什么所谓"本质"（Wesen），他必须不断地在不确定的状态中勾勒自己的"存在"（Existenz）。

直到开始转向马克思主义，萨特存在主义式的虚无主义才得到了修订。此时萨特反思过程中关注的核心概念为实践（Praxis），自由的概念在此被具象为政治革命热情。萨特从一开始便对具有教条主义以及国家主义倾向的马克思主义、社会主义以及共产主义错误发展提出了批评。相反，萨特在该时期的作品《辩证理性批判》（法文版，1960年；*Kritik der dialektischen Vernunft*，1967）中对黑格尔-马克思辩证法进行了整体性的回顾。尽管萨特个人的政治行为发人深思（例如他与恐怖主义的关系），但是这部作品可以刨除这一问题被视为对于辩证法本身系统性的、极为考究的反思。萨特开创了一种"渐进-逆退"（Progressiv-regressiv）的方法。这一方法极为适合将个体、个人纳入特殊与普遍的辩证关系之中。存在主义与马克思主义的系统结合若想成功，一方面要始终在强调社会实践的整体性的同时顾及个体存在的特殊性；另一方面在对于个体包罗万象的关系探究之时始终存有对于各种抽象形式"普遍性"的意识。萨特此处的思想以意义为出发点，针对的则是简化主义。萨特旨在研究中"渐进"地探究一切社会实践的普遍条件，但又会"逆退"至个别的个体生活实践、特殊的历史场景，对其进行分析、理解。然而，个体深处最为复杂的相互关联则丢失了（此处萨特的批判辩证法在多大意义上可以与阿多诺的否定辩证法相联系还将在下文详述）。萨特同时还区分了异化的与自主的社会实践，在此过程中萨特着重强调了革命热情的即兴时刻以及自由联想的作用。与黑格尔、马克思不同，萨特并没有提出对于国家法制、政治或是经济上的机构设想。

萨特晚期的著作（也许是由于自己政治实践的失败）再次深化了对于个体存在深层结构的分析。这一点最为典型地体现在萨特有关古斯塔夫·福楼拜的三卷本巨著《家庭的白痴》之中。书中萨特再次运用了自己批判辩证、渐进–逆退的方法并将其拓展至对于艺术以及个性的理解之中。在细致入微的具体分析中（特别是对于福楼拜的语言以及对于其作品产生的社会背景的分析），萨特试图阐明早期现代派的作家如何在其独特的社会、政治背景之下形成自己独特的、个性化的风格。由此，萨特对于自由的存在主义分析在其后期研究中逐渐在美学以及解释学中得到了延续。

西蒙娜·德·波伏娃一生都与萨特一起进行着对于存在主义、自由以及社会主义（公平公正的社会结构）原则的思考。

波伏娃之所以受到追捧也正是因为她最为重要的著作对这些原则的具体实现与实施做出了透彻的思考：一方面，波伏娃在《第二性》[法文版，1949年；*Das andere Geschlecht*，1951德文第一版（原文未标注）]中为女性运动提供了思想武器；另一方面则是在《论老年》（法文版，1970年；*Das Alter*）中对于现代资本主义社会中老龄化问题的基础分析。

与战后知识分子阶层对萨特的热烈追捧形成鲜明对比的是1980年萨特死后其影响力在法国以及联邦德国的迅速降温。其他诸如新结构主义、解构主义等理论，福柯、德里达等人的思想终于得以登上舞台中心。在德国接替存在主义的是法兰克福学派及其批判理论。在学术圈，伽达默尔的解释学则开始受到追捧。谈及萨特之时，很多人都习惯笼统地、狭隘地归结萨特实际上异常系统、庞杂的思想功绩。但值得注意的是，萨特对于批判辩证法的思考、对于个体存在主义式的阐释以及萨特对于马克思理论批判式的接受均未过时，也并未被超越。这些思想都值得我们在批判解释学的框架内继续分析。

埃米尔·米歇尔·齐奥朗（Emile Michel Cioran，1911—1995）提出了一种更为极端的虚无主义的存在主义思想。这位与贝克特（Beckett）以及尤内斯库（Ionescu）私交甚密的哲学家，在其作品《在绝望之巅》（*Auf den Gipfeln der Verzweiflung*，1949）以及《自缺陷中诞生》（*Vom Nachteil geboren zu sein*，1973）中，以自己的方式呈现了人类生存的无意义以及虚无性。

阿尔贝·加缪（Albert Camus, 1913—1960）代表了法国一种荒诞的存在主义：一方面以文学的方式表现在其小说《局外人》（法文版，1942年；*Der Fremde*, 1948)、《鼠疫》（法文版，1947年；*Die Pest*, 1948）以及剧本中；另一方面以哲学的方式表现在其著名哲学散文《西西弗的神话》（法文版，1941年；*Der Mythos von Sisyphos*, 1950）中。在其题为《反抗者》（法文版，1951年；*Der Mensch in der Revolte*, 1953）的散文中，加缪对一切形式的政治要求展开了意识形态批判，并由此与萨特决裂。值得注意的是加缪本人的阿尔及利亚出身。加缪1957年获得诺贝尔文学奖，1960年在一次车祸中不幸去世。

加缪认为，对于"荒诞"存在主义式的经验展现了人类对于意义的渴望，一种不断会让人失望的渴望。宗教预言、崇高的价值、理性的指引、稳固的关系——所有这些臆想的意义"保障"或早或晚均被证明只是人恐惧的投射与产生的幻想。事实上，世界对于我们而言是那么的陌生与冷漠。正因如此，加缪的创作中，自杀始终处于中心位置。自杀不正是一个或者说就是"那个"解除荒诞问题的良药吗？但是加缪谴责选择身体上自杀的人，因为他们没有勇气面对荒诞。另一方面，与存在主义思想的开创者克尔凯郭尔不同，加缪同时还谴责克尔凯郭尔的"飞跃"之对于神的信仰。这种踏入宗教的"飞跃"或者是其他具有决定性的思想系统都被加缪称为精神上的自杀。对于加缪而言，只有存在主义的态度是可信的，并以西西弗的神话形象对其进行了精彩的表述，影响深远。《西西弗的神话》中，加缪以戏剧性的方式将存在问题锐化为面对荒诞的唯一核心问题：我应该自杀吗？驮着巨石的西西弗的状态对于加缪而言便是最为真实、可信的：在荒诞之中，西西弗是幸运的（这里会让人联想起古典时期斯多亚的伦理学）。

在对于反抗者的分析中，加缪以不同历史、社会中人类对于压迫以及非人待遇的反抗为主题。然而令人惊讶之处在于（这也可以明确地体现出加缪与萨特以及马克思主义的决裂）加缪指出，革命运动以意识形态的方式加固了自己的需求，并有可能转变为专制以及恐怖主义。革命运动之初提出的诉求会由于绝对化而使得发起者丧失了自我批判的意识。这种出自人文主义目的最终转变为极端形式的专制以及对于人民的屠戮行为在20世纪明显地体现在部分地区的统治等现实，也印证了加缪的分析。细细想来，加缪对于荒诞的极端反思以及对于政治反抗自身矛盾性的挖掘都与其出身密不可分。加缪宣扬一种"地中海思想"，这种思想使得加缪知晓自己的界限，并试图通过文学的方式对其加以表达：以海边反射正午阳光的沙粒、这里所独有的宁静与幸福以及有限生活中的满足感所共同勾勒的图景。

第六章

关于理解
——解释学

解释学为关于理解的学说。

威廉·狄尔泰的思想深受尼采以及生命哲学的影响。在《精神科学导论》(*Einleitung in die Geisteswissenschaften*, 1883) 中，狄尔泰探讨了以何种方式理解人类的生命表达。狄尔泰以生命哲学为方法对于解释学的奠基，在海德格尔与伽达默尔处获得了延续与发展。其中，海德格尔的学生汉斯-格奥尔格·伽达默尔（Hans-Georg Gadamer, 1900—2002）是20世纪解释学最为重要的代表人物。在其主要著作《真理与方法——哲学解释学基础》(*Wahrheit und Methode. Grundzüge einer Philosophischen Hermeneutik*, 1960) 中，伽达默尔将其对于古希腊罗马哲学，特别是苏格拉底式对话、柏拉图式辩证法的分析，与胡塞尔的现象学以及海德格尔在《存在与时间》中提出的存在主义解释学结合在一起。与苏格拉底以及柏拉图构想相似，解释学这门关于理解的艺术同样拥有一种对话式的结构：问与答的结合。我们与我们的传统同样处于这样的关联之中，因为我们传统的传承所依赖的同样是通过"问"来完成与革新的。一篇文章，只有在我知道它在试图回答哪一个问题时，我才可以真正地理解它。对于伽达默尔的理论而言最为核心的三个概念为：前理解（Vorverständnis）、阐释循环（hermeneutischer

Zirkel）以及视域融合（Horizontverschmelzung）。不论我们愿意与否，我们在理解过程中都会带入我们对于一篇文章、一个事物先行的了解。理解过程中不断回溯这一"偏见"（Vorurteil）使得我们永远无法克服理解的循环性（Zirkularität）。因此，理解本身永远无法彻底完结、得出所谓最终结论。在探讨关于理解方法论的过程中，伽达默尔选择了在法律、宗教以及艺术中寻求例证。

伽达默尔借助对于黑格尔的援引，强调艺术理解的认识需求并将美学经验视为真理的一个维度。与海德格尔相同，伽达默尔同样主张阐释经验的普遍性，因为理解（正如《存在与时间》里所提到的）并非什么特殊的实践，而是人类存在自身的存在形式。理解是在"视域"（胡塞尔的概念）的条件下历史性地具体发生的，正是这一"视域"（Horizont）将理解者与理解对象联系在一起，而这一关联则依赖于"效果历史"（Wirkungsgeschichte），也就是说，依赖于文本在时间中的持续效果。最终，这些待理解对象过去的"视域"与理解者当下的视域融合在一起。这一点之所以得以提出，主要是因为伽达默尔与海德格尔均将语言视为一种蔓延式的媒介。解释学在对于过往文本的批判性反思以及对于文本的真理性诉求、有效性诉求上保持了开放的态度。正因如此，20世纪70年代出现了以哈贝马斯以及阿佩尔为首对于解释学普遍要求的讨论。

进一步深入探究伽达默尔哲学解释学的系统，其所强调的首先是对于经典文本，特别是宗教、神学、法律以及文学经典等特殊典范意义的重构。究竟这些广泛流传，凝聚了不同社会、文化自我理解，最终成型的有效意义（Geltungssinn）本身应当如何理解？从柏拉图、亚里士多德到康德、黑格尔，这一问题在诸多经典哲学家处均已有所涉及。在对这些哲学经典进一步细观之后不难发现，阐释的循环性、意义反思过程中的自我关联性（Selbstbezüglichkeit，而这一自我关联性同时也是超越哲学以及批判语言哲学所探讨的重要问题）等方法论中的基本现象与基本问题都已经暗含其中。在此背景之上，伽达默尔的历史批判式分析借鉴了苏格拉底-柏拉图式对话这一有关问与答的核心辩证法。除此之外，伽达默尔还在分析之中援引了亚里士多德的《修辞学》，借此对具体的语言场景应用进行重构。与此同时，伽达默尔提出的解释学方法同样借鉴了康德对于判断力以及黑格尔对于美学经验的分析，并以此从根本上超越了形式逻辑的界限。通过上述援引，解释学有意识地对所有单一的、"专业的"方法保持了批判的距离。伽达默尔认为，这些方法均不适合探讨理解的问题。因为正如海德格尔所提出的，阐释问题是"在世界中存在"的人类的一种"生存论"，也必须以探究生存论的方式去对其反思。

从学科理论角度来看，《真理与方法》中的解释学首先在探讨宗教、神学、法律以及美学文本传统中所特有的语言和语用形成的差异化经验中展开。与这一有效意义本身及其产生条件纠缠则一直都明显是人文与文化史的重心。《圣经·新约》是如何在基督教早期成为经典，如同犹太文本的原稿被定为《圣经·旧约》那样？（首先经由奥古斯丁的）基督教的神学是如何形成的？创造了何种不同质的语料库？宗教改革时期，路德通过一种对于"神圣文字"极端、创造性的援引将矛头直接指向了基督教会的统治。对于文本争论式的理解走到了革命运动的中心（我们如今正在经历伊斯兰世界对《古兰经》的理解也存在同样广泛的争议）。

涉及法律之时，我们则会看到在判决的形成中理解、阐释具有类似的中心地位。这也就是说，法律中的解释学明显具有"创造法律"的功效，伽达默尔如此强调道：我们如何理解所有公民间的平等？如何理解他们不可触碰的尊严、他们的自由？我们又在何种意义上可以不去理解？这些问题明显会渗透至单个的司法过程；而如今国际人权大会也正围绕这些问题展开讨论。伽达默尔强调，在他的理论中，传统有关阐释中"阐释的自由"与"应用的自由"之间的区分并不意味着一刀切：更多的是前语言以及语言外的相关实践、语言的应用结构始终明确或是暗含地影响着我们的理解过程以及意义建构过程。因此，伽达默尔对于海德格尔的接受体现在对于维特根斯坦晚期有关意义以及应用、语言游戏与生存方式不可定背景分析的完全接纳之上。与关注纯粹"既存事实"的实证主义以及科学主义相反，解释学将超越实践视为自己的方法论前提。只有这样，那些已经成为经典的有关前理解的基本概念，理解过程中的核心问题，理解的视域及其背景才再次获得了准确的表达。以此为基础（正如伽达默尔自己所总结的那样），对于阐释维度普遍性的要求也获得了批判性的论证。

由此，在伽达默尔的理论中解释学不再单单是一种精神科学的方法论。它所提出的要求涉及我们一切自我认识以及对于世界认识的条件。因此，理解的基本现象以各种不同的变形影响我们所有形式的实践——不论是我们的日常生活还是不断发生变化的文化和制度化背景——之中。由此，所谓司法过程便是将在"特殊的"情境下发生的"具体"个案与在文本（法典）中上升为法律的"普遍"概念以及原则相协调、校对、弥合的过程，即，完成一个有说服力、明确、经得起推敲的判决，这一判决应符合规范要求，对各方而言都是公平公正的。这一表述再次明确了高水平的判断层面其中一个规范性的维度便是需要辩证、具有区分性的判断力。这一点在康德第三批判——"判断力批判"中已经从经验、理性以及理智等方面做出了详细的论述并一直延续至黑格尔的辩证法。对康德而言，这种规范性的维度最为明显地体现在美学体验领域及其对自然现象、文化形象的评价之中（例如"美"、"成功"或是"丑"）。这里同样事关对一个无法进行推理的"个体"的判断——一朵花、一个人、一座建筑或是一首诗。在伽达默尔的解释学中，艺术以及美学的生活实践、理解实践同样获得了重要的意义。正因如此，伽达默尔的《真理与方法》在1960年出版后，很快成为对文化和精神科学具有引导意义的基础性著作之一（即便不是理论基础的话）。在此过程中不容忽视的是书中不断处理的哲学基本问题远远超过了精神科学学科理论的讨论范畴。它所触及的是我们所有生活实践中最经典的意义条件、对于实践具有建构意义的语言形式（同样适用于法律以及伦理）以及对于上述问题本身的理解。也就是说，它即便在日常性中也涉及了一切我们对于生活、世界具体理解的基础。因为这里是最为原初的与行为相关的语言应用以及对于生活、实践形式进行必要判断的场域。

伽达默尔始终同他著名的批判者们（如哈贝马斯、阿佩尔，以及后来的德里达）进行着激烈的辩论。双方都将争论集中在伽达默尔方法论上的核心论题——解释学的普遍性要求。哈贝马斯在这一要求中看出了一种潜在的相对主义。与之相反，哈贝马斯在其对话理性（Diskursrationalität）以及交往能力（kommunikative Kompetenz）的理论中特别以真理要求（Wahrheitsanspruch）为出发点。对于成功的交往而言，真理要求必须是可兑现的、可论证的、合理的（详见下文）。与之截然相反的则是德里达对于伽达默尔的批判。德里达认为，伽达默尔反而不够相对主义：在他的对话性视域建构的理论中，伽达默尔没有认识到待理解的文本和理解文本的方法的完全异质性这一更为根本的层面。这些层面最大的特征便是无法克服的差异性与他性。这种对于他性的理解的构想始终未切中语言上他者（详见下文）的"远"、"陌生"以及"脱钩"。伽达默尔与这些批判者之间复杂的争论可以较为形象地比喻为兔子与刺猬赛跑，中心词便是：我已经在那儿了。因为，没有形式上的（哈贝马斯）或是超越式的（阿佩尔）对话理性可以解除我们去理解"真理""效用""论证"等概念含义的任务。因此，阐释场景不可去除的延续性绝对无法通过形式上的、静态的有效模式消除（这一点早在康德对于判断力的分析中便可见一斑，并延续至黑格尔的理论；同时，在维特根斯坦之后库恩的自然科学科学史理论中也得到过明确的展现，详见后文）。

对于德里达的批判而言，形式上的、静态的理性以及真理构想置换为了一种对于他者以及差异拟人化的、极端强调的形式。与此相对，我们必须在"远"、"陌生"以及"脱钩"本身之中去对其展开理解，不然我们便无法理解其"他性"。简单来说：对于解释学普遍性要求的批判确认了这种要求违背意志。

保罗·利科（Paul Ricoeur，1913—2005）同样是解释学传统中一位重要的哲学家。利科的分析被解读为伽达默尔理论最为杰出的深化与补充。利科在其作品中尝试以解释学的视角重构现代以来的重要理论体系（特别是心理分析以及结构主义）。与此同时，利科还深化了美学以及主体理论的分析。在其主要著作《论解释——评弗洛伊德》(法文版，1965年；*Die Interpretation. Ein Versuch über Freud*，1969)中，利科通过对于黑格尔辩证法中的阐释潜能的挖掘重构了心理分析：心理分析一方面基于将心理现象缩小为实验、生理、自然科学现象；另一方面基于将人类生活实践中产生的现象最本初的意义维度通过人文科学方法进行阐释。治疗话语之中，辩证法为其核心。一方面，他尝试将压抑的、被遗忘的经验再次在意识中唤醒，另一方面则尝试以一种创新的方式达到对于这些经验的反思。即便在结构主义中，利科也以辩证的方式思考了形式上的符号理论以及对话式的语义学，而后者正是利科所更为推崇的［《解释的冲突——解释学与结构主义/解释学与心理分析》（法文版1969年；*Der Konflikt der Interpretationen. Hermeneutik und Strukturalismus/ Hermeneutik und Psychoanalyse*, 1973/1974)］。在其对于隐喻的分析［《活的隐喻》（法文版，1975年；*Die lebendige Metapher*, 1986)］中，利科展示了具象的表达方式对人类自我理解的重要功能。隐喻正是以对话的形式展开了创造潜能。因此，对于哲学而言，隐喻始终都是无法抛弃的语言工具（见下文有关汉斯·布鲁门伯格部分）。

利科其他重要的研究都主要集中在《时间与叙事》（法文版，1983—1985；*Zeit und Erzählung*, 1988—1991) 以及《作为一个他者的自身》（法文版，1990年；*Das Selbst als Anderer*, 1996) 两部著作。著作中，利科展示了"时间"如何首先通过其在生活实践中的叙述，即叙述性地，构成为"可理解的"。通过对于托马斯·曼小说《魔山》以及普鲁斯特小说《追忆似水年华》的阐释,利科将通过叙事方式进行意义建构的模型进一步细化。利科在对先前哲学中时间理论的批判式分析中指出,这些理论均游走于宇宙以及心理,客观以及主观,亚里士多德以及康德,奥古斯丁以及胡塞尔之间。即便是海德格尔也未能打破这种局限。利科则在通过叙事进行身份建构的模型中找到了一个解决方案。《作为一个他者的自身》中,利科对这一模型进行了深化乃至极端化,将分析的视野拓展至人类社会中一切存在主义的自我理解。利科站在了两个极强的理论系统对面,两者相互排斥:一方面是亚里士多德的目的论(Teleologie),以人类的意义需求为出发点;另一方面则是康德以及罗尔斯的义务论理论(Deontologie),将普遍适用的实践规范作为基础。在对两者进行辩证式的介绍之后,利科认为亚里士多德的模式相较而言更为强势。因为,想要真正理解普遍性的标准并将其运用到具体实践,需要借助"实践智慧"(phronesis),而这种智慧正是亚里士多德所教授的。

在20世纪哲学随后的发展中也不难发现,伽达默尔以及利科的理论(意义批判、并非采用传统的或者是相对化的理解方式)持续地发挥着自己的潜能。不论是阿多诺的社会、意识形态批判理论还是维特根斯坦的语言批判构想,均以创造性的方式与解释学发生着关联。

第七章　　————　　革命、实践与文化
——马克思主义、新马克思主义以及批判理论

20世纪世界范围内政治的发展导致了对于马克思及马克思主义思想历史决定论传统分析模式上的转型。马克思列宁主义成为东方集团（Ostblock）用来自证的意识形态支撑。这一过程中最为著名的代表为列宁（Lenin，1870—1924）与普列汉诺夫（Plechanow，1856—1918）。在苏联共产党内，马克思列宁主义被宣布为具有约束力的国家学说。斯大林则进一步巩固了这些学说的教条作用。马克思列宁主义包含着三条重要内容：

——将历史唯物主义和辩证唯物主义视为无产阶级世界观的核心科学哲学基础；

——将资本主义的垮台视为政治经济等客观规律发展到一定程度的必然结果；

——确立科学共产主义以指导共产主义运动。

与之相反，西方社会发展出一套非教条的马克思主义理论，尝试以批判的眼光延续马克思在第一共产国际（19世纪70年代末）上提出的思想："我自己并非马克思主义者。"当中重要人物为卢卡奇、布洛赫、葛兰西以及随后出现的南斯拉夫实践派。

格奥尔格·卢卡奇（Georg Lukács，1885—1971）在早年研究了新康德主义、生命哲学以及美学理论［《心灵与形式》

(*Die Seele und die Formen*，1911）；《小说理论》(*Die Theorie des Romans*，1916/1920)］之后开始转向对马克思的研究，并出版了第一部与此相关的重要著作《历史与阶级意识》(*Geschichte und Klassenbewusstsein*，1923）。在这部作品中，卢卡奇一方面否定了正统的反映论，另一方面也摒弃了恩格斯强调的"自然辩证法"。随后，卢卡奇将黑格尔视为理解马克思以及批判辩证法的基础，并进一步深化了其有关美学以及解释学的研究［《青年黑格尔》(*Der junge Hegel*，1948）；《歌德与他的时代》(*Goethe und seine Zeit*，1947)］。在其著作《理性的毁灭》(*Die Zerstörung der Vernunft*，1954）中，卢卡奇尝试批判分析了德国非理性主义的形成，并认为正是这一思潮最终导致了纳粹以及世界大战带来的灾难。卢卡奇试图展现，通过叔本华以及尼采，理性视角如何越来越被排除，直到通过生命哲学以及反动的文化批判使得"精英的"、社会达尔文主义的以及最终种族主义的意识形态占据了统治地位。在其美学著作《审美特性》(*Die Eigenart des Ästhetischen*，1963）中，卢卡奇分析了艺术如何从日常实践中脱颖而出。在随后的主要著作《社会存在本体论》(*Zur Ontologie des gesellschaftlichen Seins*，1971）中，卢卡奇一方面批判了官僚制的斯大林主义和资本主义，另一方面批评了逻辑经验主义和将海德格尔作为合法化的意识形态，并试图通过对于马克思的援引，在人类有目的的劳动中寻求一种有意义的社会模型，发展一套反思性的自然关系。值得一提的是,冷战期间卢卡奇的作品在东、西两个阵营均获得了广泛的接受与讨论。

通过回顾不难发现卢卡奇作品之间复杂的内在关联。卢卡奇早期作品深受新康德主义、格奥尔格·西美尔、马克斯·韦伯以及与拉斯克争论的影响。中期的卢卡奇尝试对黑格尔与马克思的思想进行融合。卢卡奇晚期的思想则基于唯物主义辩证法。在所有这些批判之中,最为重要的是卢卡奇在《理性的毁灭》一书中对这一贯穿20世纪的同名问题的分析。卢卡奇想要展现的是,启蒙运动确立的理性视角如何越来越多地被其他诸如生命、意志以及存在等核心概念所取代,并着力描绘了这条道路如何(从谢林、克尔凯郭尔到叔本华、狄尔泰,经尼采再到对于意识形态的运用)一步步走向反动的非理性主义道路。卢卡奇美学理论的价值同样在于其对于作为普遍与个性之间媒介的艺术之特殊贡献辩证式的重构[《作为美学范畴的特殊性》(*Über die Besonderheit als Kategorie der Ästhetik*, 1967)]、对于歌德的象征概念及其有关黑格尔美学的讨论。卢卡奇所提出的"社会存在本体论"在如今经济、生态全球化的时代则可以获得全新的重大意义。

恩斯特·布洛赫(Ernst Bloch, 1885—1977)在其主要著作《希望的原理》(*Das Prinzip Hoffnung*, 1954—1959)中提出了一种辩证唯物主义的人类学和历史学理论。其实在早期作品《乌托邦精神》(*Geist der Utopie*, 1918)中,布洛赫便已然对此有所勾勒。他认为，人类实践不可避免地着眼于希望与充满意义的"未来"；这种未来意义的视角建构影响着一切存在的、社会的和文化的成就。布洛赫在美学、伦理、政治以及宗教实践领域广泛地展现了这一点。在其作品《自然权利和人类的尊严》(*Naturrecht und menschliche Würde*, 1961) 中，布洛赫尝试通过法哲学的分析方式对马克思主义做出补充。在晚期著作《经验世界》(*Experimentum Mundi*, 1975) 中布洛赫提出了一套为其唯物主义分析逻辑以及分类学理论奠基的学说。1949年起布洛赫在民主德国任职，1961年迁居联邦德国并在图宾根获得了巨大成功（特别是在学生运动时期）。

布洛赫的巨大影响同时还可以在其理论的广泛性与综合性中窥见一斑。布洛赫的理论重构涵盖了形而上学、基督教神学[《革命神学家托马斯·闵采尔》(*Thomas Münzer als Theologe der Revolution*, 1921)；《基督教中的无神论》(*Atheismus im Christentum*, 1968)]、启蒙运动、德国唯心主义[《主体—客体——黑格尔释义》(*Subjekt-Objekt. Erläuterungen zu Hegel*, 1951)]以及辩证唯物主义和马克思主义，所涉及的领域包括艺术、前意识与无意识、童话与梦境以及末世论中所有伟大的拯救和意义期待[《痕迹》(*Spuren*, 1930)]。对其作品发生广泛影响起到重要作用的还有布洛赫引人入胜、充满激情的文风。其早期著作（如《乌托邦精神》）均深受彼时表现主义激情的影响，甚至有某种宣传的味道，这一点在布洛赫创作中始终占有一定分量。布洛赫作品广泛的结合能力还体现在他所有的作品所提及的有关幸福的问题,即便是在通俗文化中也可以找到共鸣(例如在卡尔·迈的作品中)。一些简单的流行歌曲以及民间音乐也表达着人类对于能实现自身梦想的更好时代的期许。因此布洛赫层次繁多的理论都需要多层次的接受,而这些都超越了传统意义上辩证唯物主义的范畴。

安东尼奥·葛兰西(Antonio Gramsci, 1891—1937)是意大利重要的西方马克思主义代表人物。葛兰西毕生致力于对政治实践运动进行哲学反思以及理论确立[《实践哲学》(Philosophie der Praxis, 1967)]。与其拥有相似抱负的还有南斯拉夫实践派的代表普雷德腊格·弗兰尼茨基(Predrag Vranicki, 1922年生人)、米哈伊洛·马尔科维奇[Mihailo Marlcovič, 1923—2010,《实践辩证法》(Dialektik der Praxis, 1968)]以及坎格尔加(Milan Kangrga)。

在批判新马克思主义道路上一位十分重要的思想家为瓦尔特·本雅明(Walter Benjamin, 1892—1940)。深受赫尔曼·柯亨以及犹太神秘教影响的本雅明在其博士论文中探讨了有关"德国浪漫派的艺术批评概念"问题。随后,本雅明还撰写了有关歌德《亲和力》的分析著作。在接触布莱希特后,本雅明转向了对于马克思主义的研究。其教授职位论文《德国悲剧的起源》(Der Ursprung des deutschen Trauerspiels, 1925)被法兰克福大学否决。1933年,作为马克斯·霍克海默社会研究所成员的本雅明不得不流亡法国，并在巴黎完成了《拱廊街计划》(Passagen-Werk)的撰写。1940年，本雅明在躲避纳粹迫害的过程中被迫自杀于西班牙。

本雅明的作品以非常规的方式将认识批判、语言哲学、神学神秘主义、美学以及辩证唯物主义的基本思想融汇在自己的理论之中。在其《论语言本身和人的语言》(Über die Sprache überhaupt und über die Sprache des Menschen, 1916)、《相似性学说》(Die Lehre vom Ähnlichen, 1933) 及《论模仿能力》(Über das mimetische Vermögen, 1933) 等著作对于相关同名问题的研究中，本雅明展现了在判断活动中现实与所有事物原初的个体性如何被忽视与遗忘。然而，在儿童以及我们梦境、神话、童话的经验世界中，还存在着"判断前"的事件，而这些应当被重新思考、重新拯救（阿多诺受此思想影响极深）。在其关于悲剧的分析以及《论历史概念》(Über den Begriff der Geschichte, 1940) 中，本雅明延续了这一基本思想：在对于仅仅可以通过唯物主义方式理解的历史过程中，一个充满悲剧式灾难、痛苦以及牺牲的过程中，突然出现了一个充满意义的瞬间，这一瞬间以革命性的方式瞬时改变了"痛苦史"——本雅明以此通过悖论的方式对马克思主义辩证法、悲剧理论以及弥赛亚式的救赎神学做出了"调和"。在《拱廊街计划》中，本雅明在漫步于现代巴黎的经验中进一步深化了他极端的否定辩证法。在资本主义的商品世界及其所贯彻的物化结构中，突然闪现出了被压抑、被遗忘、无意识的意义潜力,以其转瞬即逝的存在指向从普遍物化之中逃离的希望与救赎。同样影响深远的还有本雅明的作品《机械复制时代的艺术作品》(*Das Kunstwerk im Zeitalter seiner technischen Reproduzierbarkeit*,1936)。文中本雅明展现了现代科技(特别是照相术与电影)为艺术自身的多样化以及与其相关的经验带来了如何巨大的转变。传世作品的独特之处(世间仅存在一个蒙娜丽莎,维米尔的作品也是独一无二的)——光晕(Aura)在现代逐渐消失,取而代之的则是现代社会的批量生产与大众接受。然而在本雅明看来,这种批量生产并非一无是处。本雅明的分析即便是应用到如今的电视、电脑等新媒介同样适用。此外,本雅明的作品系统性极强,与彼时批判解释学的大背景关联密切,特别是提供了对于时间经验以及意义建构极为深刻的分析。

在西方马克思主义以及批判社会理论框架下一个特殊的学派是20世纪20年代以霍克海默、阿多诺、马尔库塞以及哈贝马斯为代表的法兰克福学派。马克斯·霍克海默(Max Horkheimer,1895—1973)最初深受新康德主义影响。1925年霍克海默在其导师汉斯·科尔内利乌斯(Hans Cornelius)处完成了关于《康德的判断力批判》(*Kants Kritik der Urteilskraft*)的教授职位论文撰写。早期的霍克海默还受到尼采以及马克思的影响。作为社会哲学教授的霍克海默成为了法兰克福社会研究所的所长,并主持开办了《社会研究杂志》。

1934年、1938年，霍克海默同阿多诺（两人在法兰克福社会研究所共事之后）相继被迫逃亡至美国。在美国，两人继续了之前的研究并在1939年至1944年间完成了批判理论经典著作《启蒙辩证法》(*Dialektik der Aufklärung*，1947）的撰写。这部作品由有关启蒙概念以及理性概念的理论断篇组成：由于理性现在和将来都依赖于对自然的掌控，所有摆脱这种依赖的尝试都会带来新的、更严重的依赖性。因此，启蒙与理性对整体性的要求在20世纪反而导致了完全的不自由。除此之外，该书的论述还拓展至反犹主义和文化工业两种范式。其中，文化工业通过自身特有的娱乐范式不仅没有令人从中解脱，反而成倍地增加了这种依附感。启蒙由此成为了"大众欺骗"。最终，现代的启蒙再次归结至神话式的"退步"之中，造成了诸如纳粹以及斯大林主义那样的结果。《启蒙辩证法》的核心论点在于强调神话与启蒙之间早期的相邻性。人类通过理性控制世界的努力恰恰引向了与其初衷相悖的方向，启蒙转变为了意识形态。摆脱自然的桎梏过程中的策略（技术、科学、政治体制）均引发了全新的依赖性，而这一点本身是难以被看透的。1950年起，霍克海默与阿多诺继续了法兰克福社会研究所的工作。霍克海默晚期的作品进一步极端化了希望与断念间的辩证关系，提出一种"对于完全他者的思念"（其1970年接受的采访也以此为名）。霍克海默认为，完全被管理的世界是现代发展的结果。霍克海默晚期作品展现出一种叔本华式形而上学意义上的悲观主义。这一悲观主义正是源自20世纪一些将马克思对理性、自由概念的理解进行曲解，最终造成具体灾难的经验。希望成为了对"完全他者"的思念，而这一点只能通过悖论以及否定神学的方式思考。在这一点上，霍克海默与本雅明异常接近。

西奥多·阿多诺（Theodor Wiesengrund Adorno，1903—1969）在大学主修哲学以及音乐学，曾是音乐批评者。1924年，阿多诺在科尔内利乌斯的指导下完成了《胡塞尔现象学对物体与意识的超越》(*Die Transzendenz des Dinglichen und Noematischen in Husserls Phänomenologie*) 论文的撰写并获得博士学位。随后阿多诺前往维也纳随阿尔班·贝格（Alban Berg）学习作曲（随着维也纳第二学派的发展，此时的作曲形成了全新的形式）。之后，阿多诺在法兰克福继续了自己的哲学研究与音乐批评，并在法兰克福结识了霍克海默，加入社会研究所。阿多诺在保罗·蒂利希（Paul Tillich）处完成了教授资格论文《克尔凯郭尔——审美的建构》(*Kierkegaard. Konstruktion des Ästhetischen*) 的撰写。1933年阿多诺的教师资格被剥夺。阿多诺随后流亡英国，因其在德国获得的学术头衔不受认可，不得不再次于牛津大学完成博士进修。阿多诺在英国完成的博士论文《认识论的元批判》(*Zur Metakritik der Erkenntnistheorie*) 最终在1956年以德语出版。流亡美国期间，阿多诺与霍克海默一起完成了《启蒙辩证法》的撰写，为批判社会哲学奠定了基础。这期间，阿多诺还一直从事着多项对于社会的实证研究，其中之一便是有关反犹主义起源的探讨［《独裁性格研究》(*The Authoritarian Personality*, 1950)］。此外阿多诺还出版了《新音乐哲学》(*Philosophie der neuen Musik*, 1949) 以及《最低限度的道德》(*Minima Moralia*, 1951)。1949年，阿多诺与霍克海默一起返回法兰克福并自1951年起任社会研究所所长。随后的二十年中，阿多诺活跃于公众视野之中，并将社会批判理论带给了联邦德国的大众。1966年，阿多诺完成了重要理论著作《否定的辩证法》(*Negative Dialektik*, 1966)，并一直到1969年去世之前均致力于美学理论［《美学理论》(*Ästhetische Theorie*, 1970)］的研究。

阿多诺在关于美学的研究中指出，现代艺术均包含创新的、不可定的反抗以及解放潜能。只有抵抗晚期资本主义的物化、异化过程才能理解这些潜能。在《最低限度的道德——对受损害生活的反思》中，阿多诺思想中针对普遍异化的、悖论的否定理论的希望理念被简洁地表达出来。对于不显眼的日常经验，我们一方面需要从救赎的出发点进行观察，另一方面还要兼顾这一视角的不可能性。此处明显可以看出，其思想深受瓦尔特·本雅明影响。在其主要著作《否定的辩证法》中，阿多诺进一步深化了自己的基本思想：思想中概念的普遍化应当对于存在者而言可以触及、可以客观化处理，以此变得可以掌握。通过这种方式，阿多诺所谓的直接现实中"非同一性"

(das Nichtidentische)被压抑或是被消除掉了。然而，这种"非同一性"、一种完全个性化的事物是无法通过概念进行把握的。由此，在哲学上，批判反思获得了一种否定的，恰恰又是矛盾的基础；在艺术中，非同一性却获得了表达的可能。阿多诺否定主义的极端性与本雅明否定神学的基本思想有着异曲同工之妙。一方面，救赎的视角应该也必须保留；另一方面，鉴于晚期资本主义时期科学技术先行、官僚化管理、纯粹以经济效益优先等普遍的物化以及异化背景，这也变得几乎不可能。非异化的生活形式只能通过悖论、困窘的方式展现，特别是在现代的艺术品中。法兰克福学派这一经典批判理论（也正是这一点将阿多诺、霍克海默与本雅明联系起来）通过它的极端意义批判事与愿违地比一般意识到的更接近海德格尔的本体论批判和维特根斯坦极端的语言批判。维特根斯坦仅仅在一种浮于表面的对实证主义与科学主义进行批判之时才偶尔被提及。阿多诺在其文章《本真性的行话：论德意志意识形态》(*Jargon der Eigentlichkeit. Zur deutschen Ideologie*, 1964)中对海德格尔展开了略带敌意的批判。文章中对于德国经由纳粹主义形成的精英阶层进行了意识形态批判，虽然有些部分难以令人完全信服，但文章已经触及了海德格尔一生致力进行的本体论意义批判最为深刻的结构。西方哲学、本体论最原初的缺失——在应当探讨存在的位置始终仅仅探讨存在者——表现出与基础意义批判（通过概念性、普遍化的思维模式将一切存在者功能化、工具化）始终在个性、"非同一性"等方面的缺失存在着明显的亲缘性。但后者的意义批判实际上构成了阿多诺"否定的辩证法"的基础，并早在《启蒙辩证法》中便有所体现。"非同一性"以及"本体论差异"其实远比这两位作者所意识到的更为接近。此外，另一种非异化的自主表述方式的追求（一种可以再次使得意义不加伪装、可以进入的状态）在海德格尔与阿多诺处并没有什么本质的区别。他们当中，一位在荷尔德林的诗歌中寻找这种形式，另一位则在勋伯格的音乐作品中寻找。追寻另外一种表达意义的语言形式则又将阿多诺与维特根斯坦的晚期哲学思想结合在一起。《否定的辩证法》第三部分中，阿多诺提出了否定辩证法的"模式"；这些模式与"语言游戏"的形式以及"亲缘性"远比普遍认为的更相似。维特根斯坦同样提出了这种模型化的形式，借此避免语言造成的表象，并以批判的方式恰当处理现象之间无尽的内在关联。

对阿多诺、霍克海默（以及之前的本雅明）的意义批判如此赘述，并不是为了谴责，而是为了避免不必要的误解。因为只有这样读者才更容易理解，为何需要将一种更为严格的意义上的社会批判（对于经济、社会、政治以及律法关系的批判）放置在另外一个层面进行研究，即，结合马克思，当然还有黑格尔这位已然在所有这些方面有所著述的思想家。对于这种神秘神学基础的批判与具体的社会批判之间的区分同时也有助于更好地理解法兰克福学派接下来的发展。

尽管以极端否定为基础，经典批判理论下的社会批判在20世纪60年代依然影响深远。阿多诺在公共领域所做的报告、接受的采访、参加电台节目时的发言均易于理解，并始终保持在启蒙的构想之内。

这种巨大的影响在更大程度上适用于赫伯特·马尔库塞（Herbert Marcuse，1898—1979）。马尔库塞曾在胡塞尔与海德格尔处求学。其在海德格尔处撰写的有关黑格尔本体论的教授职位论文未能完成，马尔库塞因而前往社会研究所参与工作，即便在流亡日内瓦以及纽约期间也未曾中止。随后，马尔库塞成为了加州大学圣迭戈分校教授，也曾在巴黎与柏林任教。1933年马尔库塞踏上流亡之路。在其出版的有关黑格尔思想的《理性与革命》（*Vernunft und Revolution*，1962）中，马尔库塞提出了自己的批判社会理论构想。在《爱欲与文明》（*Eros und Kultur*，1957）中，马尔库塞延续了弗洛伊德的思想，探讨了人类本能结构中蕴含的解放潜能。随后，马尔库塞迎来了自己最为重要的批判著作《单向度的人》（*Der eindimensionale Mensch*，1967）。与霍克海默以及阿多诺的悲观主义、否定主义不同，马尔库塞的思想试图探究具体的解放视角：与非理性的晚期资本主义不同，马尔库塞推崇实践一种"伟大的拒绝"，尝试一种新的、解放式的、多维度的生活方式。这一思想在20世纪60年代学生运动时期受到了极大的追捧。然而，在批判过程中始终保留着一个问题，即马尔库塞所提出的社会批判中一些理论基础能否真正地实现与完善。马尔库塞以"压制性宽容"为题对晚期资本主义及其民主的批判与他对于另一种生活方式的乌托邦（在其中自由与幸福应当通过自由的欲望满足来实现）的设想之间实际上相互为反命题、二元论式的关系。因此，在这些思想之中实际上暗含着意识形态的影子。

在此背景之下影响巨大的还有艾瑞克·弗洛姆（Erich Fromm，1900—1980）。1930年至1938年，弗洛姆同样曾在社会研究所工作。作为心理分析家与社会哲学家，弗洛姆在美国完成了《逃避自由》(*Die Furcht vor der Freiheit*，1941)、《心理分析与伦理学》(*Psychoanalyse und Ethik*，1947)、《生活的艺术》(*Die Kunst des Lebens*，1956) 以及《人类毁灭性解剖》(*Anatomie der menschlichen Destruktivität*，1973) 等著作的撰写。弗洛姆在其另一部作品《占有还是生存——一个全新社会的心灵基础》(*Haben oder Sein. Die seelischen Grundlagen einer neuen Gesellschaft*，1976) 中对自己的哲学分析做出了总结，影响十分广泛。弗洛姆提出了一种全新的生活形式，一种反对个人主义、个人欲望、贪婪并以此反对资本主义前提、私有财产以及经济效益先行的生活方式；通过"生存"的生活方式，人类获得了新的面对世界现实的可能性，开创了一种全方位的人本主义。弗洛姆所提出的是一种全新的"非神论"宗教。他由此将马克思、弗洛伊德以及神秘传统与一种全新的生态意识结合在一起。他的理论对20世纪70年代兴起的新社会运动造成了广泛、深刻的影响。

尤尔根·哈贝马斯（Jürgen Habermas，1929年生人）则属于批判理论的第二代人物。1956年至1959年期间，哈贝马斯于社会研究所工作，但很早就开始寻找一条自己的道路。他追问，社会批判理论应当如何在社会科学研究层面处理法律和民主理论的基本问题。不论是霍克海默与阿多诺的否定主义，还是强调解放过程中本能结构的马尔库塞，都无法给这个问题一个满意答复。在教授职位论文《公共领域的结构转型》(*Strukturwandel der Öffentlichkeit*，1961)中，哈贝马斯分析了以启蒙运动为核心产生的社会交往模式。这一模式之中，社会解释、批判的潜力均可以展开。他的主要作品对当下的讨论有着不可估量的影响。有关哈贝马斯理论思想的探讨将在本书第十章中进行。

第八章　语言批判转向——维特根斯坦与语言学转向

戈特洛布·弗雷格（Gottlob Frege，1848—1925）已经寻得对语言逻辑分析的开创性革新。在其著作《论意义与意谓》（*Über Sinn und Bedeutung*）以及《思想》（*Der Gedanke*）中，弗雷格展现了应当如何通过对于语言逻辑形式的分析，探讨意义的建构以及有效性诉求、真理性诉求的条件。相类似的分析在罗素与怀特海的著作《数学原理》（*Principia Mathematica*，1910—1913）中同样可见。

在此背景下发展出了维也纳学派的逻辑实证主义。这一思潮以莫利兹·石里克（Moritz Schlick，1882—1936）为代表，并最终催生了维特根斯坦的著作《逻辑哲学论》（*Tractatus logico-philosophicus*，1921）以及鲁道夫·卡尔纳普（Rudolf Carnaps，1891—1970）的著作《世界的逻辑构造》（*Der logische Aufbau der Welt*，1928）。维也纳学派的基本思想在于探讨科学验证原则：一个句子的意义主要在于其实证检验的方法，也就是说，可以通过具体的经验证实它。通过这种语言批判的方法，许多传统的哲学问题，特别是形而上学的问题，均被排除在外。取代形而上学位置的是对于语言的逻辑分析。因为在探讨诸如上帝的存在、人类的自由以及灵魂的不朽时，我们并不具备相关的经验标准。逻辑分析将所有句子拆分，拆解到只剩最简单的、反映基本经验的语句——也就是所谓的"记录命题"(Protokollsätze)。维也纳学派因而提出了一个统一的科学，正如奥托·纽拉特(Otto Neurath，1882—1945)所强调的那样，并在物理学中实现其范式。从科学理论上来说，这代表着一种物理主义。这种形式验证的原则同样波及心理学：由此产生了（与美国行为心理学家约翰·华生的研究相关联的）行为主义(Behaviorismus)。心理学作为一门科学只能指对可观察的行为以及个体特殊情景下的反应进行分析研究。因此，正如卡尔纳普在其《语言的逻辑句法》(*Logische Syntax der Sprache*，1934)中所提出的，哲学的特殊问题在于对科学语言的逻辑分析，对逻辑句法以及统一的语言的具体建构。由于核心人物相继流亡出走美国，20世纪30年代维也纳学派所提出的语言批判逻辑实证主义、经验主义在大洋彼岸成为了一股强大的思潮。

路德维希·维特根斯坦(Ludwig Wittgenstein，1889—1951)出生于维也纳一个十分富有的家庭，在柏林及曼彻斯特完成机械工程专业学习后，维特根斯坦开始投入到对数学与逻辑的研究之中。1911年维特根斯坦结识弗雷格，并自同一年起投在（任教于剑桥大学的）罗素门下学习逻辑与哲学。一战期间，维特根斯坦自愿参军。他在这一时期的日记中记录了大量与其第一部重要著作《逻辑哲学论》相关的条目。一战后，维特根斯坦改变了生活方式，四散家财，成为了一名小学教师，随后又成为了一名建筑师。《逻辑哲学论》出版后，维特根斯坦与维也纳学派的哲学家们展开了论辩，随后凭借该著作获得了剑桥大学博士学位，留校教授哲学。1936年起，维特根斯坦开始在挪威工作，回到了他自己理论的手记撰写。1939年，维特根斯坦作为摩尔的后继者前往剑桥大学担任哲学教授。二战期间，维特根斯坦自愿为医院充当志愿者，战后一直教授课程至1947年。最终，维特根斯坦返回爱尔兰，在那里一直工作到去世。

维特根斯坦与伯特兰·罗素（Bertrand Russell，1872—1970）是朋友，后者则与怀特海（Alfred North Whitehead，1861—1947）一起完成了《数学原理》的撰写。罗素以其在社会、政治方面对推进世界和平所做出的贡献以及广受欢迎的哲学著作闻名于世，罗素还在1950年获得了诺贝尔文学奖。同样是罗素朋友的格奥尔格·埃德瓦德·摩尔（George Eduard Moore，1873—1958）自1925年起担任剑桥大学"心灵哲学与逻辑"学科的教授。摩尔通过对"常识"澄清性的引用，在其著作《伦理学原则》（*Principia Ethica*，1903）及许多其他文章中提出了一套分析探讨问题话语以及日常话语的理论，并对其后继者维特根斯坦起到了榜样的作用。

维特根斯坦的《逻辑哲学论》主要与维也纳学派相关，但也蕴含了很多具有冲击力、不断被延续的论点。一战期间，维特根斯坦在弗雷格以及罗素的影响下完成了这本书的初稿，非常简短、艰深。全书结构由七个核心命题构成，每个命题都在续篇中得到进一步的阐释和说明。

《逻辑哲学论》的核心命题：

1. 世界是一切发生的事情。

2. 发生的事情，即事实，就是诸事态的存在。

3. 思想是事实的逻辑图像。

4. 思想是有意义的命题。

5. 命题是基本命题的真值函项。

6. 真值函项的一般形式是：$[p，\xi，N(\xi)]$——这也是命题的一般形式。

7. 对于不可说的东西我们必须保持沉默。

维特根斯坦试图通过自己的作品对语句的本质进行阐释。相应的，这种本质性的语句应当回溯到"命题"。书中还阐明了基于这一本质可以言说的对象。由此，维特根斯坦在"可言说的"与"不可言说的"事物之间勾勒出了一条界线。命题1与命题2表明，世界是事实的总和，我们对其进行认识的方式则是借助于映像。事实本身又是对于对象的配置。在随后的命题3中，我们从事实之中所创作出的逻辑图像，又恰恰是在语句中形成可以通过感知感受的对于思想的表达。对于对象在实际情况之中的配置与对于语句中符号的建构，两者相互映衬。

只有语句拥有意义。因此,根据命题4,思想始终都是通过有意义的语句进行表达的。有意义的真命题的总体构成自然科学的内容。与此相对的,哲学则是另外一种状态——哲学并非一种科学,而是一种行为,一种将思想变得更为澄澈的活动。维特根斯坦在此对于"言说"(Sagen)与"显示"(Zeigen)进行了最为基本的区分:"命题显示自己的意义。命题显示当它为真时情况是怎样的,而且它宣称情况就是这样的。"(4.022)命题5与命题6将意义建构缩减到最为简单的语句形式,即基本命题。逻辑形式给出的仅仅是重言式命题(Tautologie),并不能将事物描摹下来。在其形式之外不存在规律、必然性、因果关联,仅仅是顺序。由此,世界之中仅仅存在经验事实,"并没有更高形式的"。在《逻辑哲学论》的结尾部分,维特根斯坦探讨了"语言、生命、世界的边界",在谈及上帝的时候,维特根斯坦说道:"上帝不会在世上现身。"(6.432)此外,维特根斯坦还谈到了"非语言可以描绘的":"它们显示自己,它们是神秘的东西。"(6.522)通过这一步,维特根斯坦实际上已经完全有意地跳出了逻辑经验主义的框架。仔细来看,《逻辑哲学论》的结构本身便是矛盾的:对于命题意义的图像理论没有办法应用到在文本中使用到的语言之上;这种语言不存在与对象之间的关联。这种语言仅仅展示自己的意义。根据维特根斯坦,这种意义是一种伦理学意义上的:文本通过自身意义标准完成充满矛盾的自我扬弃,在生活实践、伦理以及宗教意义中可以找到自己真正的位置。与此相应,维特根斯坦在完成本书之后暂时结束了自己的哲学思考,转而致力于实践。后来在朋友的鼓动之下才再次完成博士论文,前往剑桥大学任教。

目前,维特根斯坦"早期"思想、"晚期"思想之间差异的讨论依然不绝于耳。《逻辑哲学论》的维特根斯坦被称为"维特根斯坦Ⅰ",《哲学研究》(*Philosophischen Untersuchungen*, 1953)的维特根斯坦则被称为"维特根斯坦Ⅱ"。这种理解一方面源于一些学者对系统串联维特根斯坦早期、晚期作品的"中期"复杂著作的无知,另一方面也是源于对维特根斯坦语言批判基本思想的不理解。《逻辑哲学论》之后,维特根斯坦通过手记、日记以及笔记的形式继续着自己的研究,过程中经常以一些难以破译的密码进行书写。由此诞生了《哲学评论》《哲学文法》《纸条集》等著作的手稿。维特根斯坦在剑桥的学生将其课程内容笔录下来,出版了《蓝皮书》《褐皮书》。同时诞生的还有《数学原理》《心理学哲学》的相关文章以及维特根斯坦临终前一直进行的《论颜色》《论确实性》的撰写。只有结合维特根斯坦的日记,方能对所有这些文章有所理解,才能对维特根斯坦一生研究的复杂性与连续性有所感受,对其探讨的所有有关存在的基本问题有所领悟。由此,根据前段时间破译、编纂出版的维特根斯坦日记,维特根斯坦多年来对于克尔凯郭尔作品在宗教方面的探讨才为世人所理解。维特根斯坦缤纷复杂的手记使得其作品的编辑问题即便到今天仍无法解决。如今，维特根斯坦大部分作品依然未能出版可信的历史批评版本。

综观维特根斯坦的创作不难看出，维特根斯坦的作品遵循着对于其所提出的基本反思不断深化、细化、极端化的过程，而这一过程在维特根斯坦身上持续了一生。《逻辑哲学论》将反思的视角投向了语言，进而投向了命题中逻辑的形式，并由此进入了认识批判的中心，探讨着有关世界与意义的理解。紧接着，维特根斯坦将这种反思极端化，尝试阐明语言表达的形式。为此，维特根斯坦探讨了其内在的结构、复杂性以及规则性。这种形式远比形式上的逻辑更加复杂。与这一观点相关的分析构成了维特根斯坦的作品《哲学研究》。《哲学研究》中，维特根斯坦探讨了语言形式、文法以及语言应用之间的关联，并赋予了每个部分全新的含义。在最后一部著作《论确实性》中，维特根斯坦探讨了之前所有有关语言意义以及语言应用、语言游戏、生活形式之间关联的分析所必须遵循的前提。维特根斯坦认为，比意义建构更为基础的前提应当在生活实践中寻得，而这将是通往世界图像的道路。因此，维特根斯坦晚期的分析与基于胡塞尔现象学的传统的生活世界分析联系在一起。在其第二部重要著作《哲学研究》中，维特根斯坦重新审视了自己早先在《逻辑哲学论》中提出的语言哲学问题。这部作品对语言批判理论进行了极端化与深化。我们错误地理解了语言的功效（例如我们错误地认为语言与现实之间是一种摹写关系）。特别是传统的主体哲学以及意识哲学的出发点便是例如思考、想象、意愿、意义等心理学概念均指向心灵或精神的内在过程。

维特根斯坦的深入批评分析表明，蕴含着上述精神概念的日常语言实践（维特根斯坦将其称为语言游戏）只能通过它自身内部的语言背景以及外部的实践背景（生活形式）进行理解，而不是通过对于一个"主观的"内在世界的援引。在我们的生活实践中，语言以及非语言的行为相互之间密不可分。每一个具体的语言应用实践之前，任何词、句的意义均不是确定的，也是无法理解的；词、句的"意义"在很多情况下就是它们的"应用"。因此，"国王"一词在象棋中的含义就与在政治上的含义截然不同。"词"拥有极为复杂、相互区分的功效，即便是展望未来，我们也无法对其全部功效做出判断。

与此同时，语言实践作为整体对我们而言是无法从理论上进入的，尽管我们在实践过程中始终在其整体之中游走、定位。不论对于词还是句，均不存在一个统一的意义功能。因此，"游戏"一词可以在不同的实践之中（如象棋、足球、捉迷藏、沙盒等等）应用。它们之间存在着某种相似性，维特根斯坦将这种相似性称为"家族相似性"（Familienähnlichkeit）。但它们之间并不存在超越这一点的共同本质。维特根斯坦一方面批判客观主义与主观主义的意义理论，另一方面对实质的概念理论也展开了批判。自柏拉图起,被视为事物"本质"的东西,蕴藏在我们语言应用实践所遵循的"文法"之中。我们在使用文法过程中所遵循的规则,是我们在日常生活之中无法明确知悉、意识到的,但我们通常会含蓄"盲目地"遵循这些规则。因此,维特根斯坦也批评了对语言规则和遵守规则错误的认识与理解。他既不对规则的存在进行质疑,也不如柏拉图主义一般认为存在着不依赖于具体语言应用的"规则自身"(Regeln an sich)。在相同的生活形式中进行相同的语言实践,我们便可以判断,某人是否在遵循一个规则。只有通过这种方式,规则(例如计数或是色彩词汇的使用)才可以是可教授与可习得的。公共可及性和可判断性正是意义的核心标准。

在此基础之上,维特根斯坦提出了对后续讨论极为重要的观点——私人语言论证(Privatsprachenargument)。那是否可以创造和使用一门独立的语言呢?维特根斯坦用微妙的论述得出结论,对于这样一门语言不存在其应用正确与否的标准。私人语言批判引起了对于所有主体理论以及意识理论的解构,并祛除了先前所有关于一个由思想、想象、感受、感觉构成的内心世界的错误图像。与之相反,私人语言批判展示了,恰恰是我们经验中最为主观的维度对我们而言只能通过公共性的、共同的、主体间性的语言实践、生活实践才可以进入。共同生活形式中的公共性语言游戏对所有意义的理解以及自我理解而言都是不可忽视的。

《哲学研究》在世界范围内已经发挥了并依然发挥着影响，并由此成为20世纪最为重要的哲学著作之一。对于赖尔、奥斯丁的日常语言分析而言，《哲学研究》拥有榜样性的作用，并直接导致了哲学可能性及哲学学科界限本质上的颠覆。维特根斯坦最后在《论确实性》中的研究则将话题转向了具体生活方式中语言游戏产生功效的前提。通过对摩尔理论的分析，维特根斯坦展现了行为与语言均建立在基本的、非明确意识的确实性之上。这一确实性本身是无根据的，但却又是所有质疑与误解的前提。我们的质疑与疑问是一种对世界过程性的理解。这种理解在历史上常常不经意间发生着改变。我们通过这些分析得以触碰到质疑、知识、误解以及怀疑产生的条件。

维特根斯坦在世界范围内的影响一直持续到今日，甚至呈现出不断上升的趋势。整个现代也许只有海德格尔可以与之相比。这是因为维特根斯坦的思想一方面涉及了我们所有认识的理论与实践并提出了一个全新的视角，这一视角超越了过去两千年中所有传统的本体论与意识哲学理论。语言批判转向（或者说语言学转向）是一场与哲学出现伊始的本体论提出以及从笛卡尔到康德先验认识论的出现与发展所带来的超越转向得以相提并论的思想革命。另一方面，维特根斯坦的思想（直至近些年对于维特根斯坦遗作的研究才逐渐明确）涵盖了一切哲学的范畴，从逻辑学与数学到伦理学与美学，从宗教哲学到心理学。在其晚期有关色彩的研究中，他从歌德的色彩理论中吸取了基本的思想。与此同时,维特根斯坦还大量研究了克尔凯郭尔的存在主义哲学以及弗洛伊德的精神分析理论。因此,他具有创造性的意义批判在如今以及将来所有体系性背景之下都将为我们不断带来新的影响。

维特根斯坦的直系学生(如安斯科姆、吉奇、冯·赖特)均以自己的方式延续着他的思想。伊丽莎白·安斯科姆(Gertrude Elizabeth Margaret Anscombe, 1919—2001)在其主要著作《意图》(*Intention*, 1957)中提出了一种分析实践知识的方式,并通过这一分析方式阐明了实践哲学的基础。在随后的《现代道德哲学》(*Modern Moral Philosophy*, 1958)中,安斯科姆进一步深化了相关研究。安斯科姆的丈夫彼得·吉奇(Peter Geach, 1916年生人)在其逻辑以及判断理论的研究中[《心灵作用》(*Mental Acts*, 1957);《参考与概论》(*Reference and Generality*, 1962)] 不断援引中世纪的逻辑学[托马斯·阿奎那(Thomas von Aquin)] 及相关的意义理论,提出了一套天主教的宗教哲学。维特根斯坦的学生格奥尔格·亨里克·冯·赖特(Georg Henrik von Wright, 1916—2003)同样延续了安斯科姆的行为理论研究。在《规范与行为》(英文版,1963年;*Norm und Handlung*, 1979),特别是《解释与理解》(英文版,1971年;*Erklären und Verstehen*, 1974)中,赖特反对逻辑实证主义以及单元科学论,提出了一套反还原论的意向性理论,并由此从根本上将人类在行为语言中的目的与可以解释的因果关联分割开来。由此，意义理解与因果关联、理解与解释被区分开来。分析语言批判由此与解释学结合起来。赖特对因果概念与行为概念之间依附性的证明表明了，我们如果不参考我们自身的行为，同样无法理解事件的因果性。这一分析符合对因果性基于（自康德起）实践、行为理论的超越性重构。经由维也纳学派（如卡尔纳普）逻辑经验主义和实证主义、弗雷格与罗素的影响，通过维特根斯坦早期《逻辑哲学论》、晚期《哲学研究》的理论影响，一个20世纪30年代（主要由于重要哲学家均踏上流亡道路）到20世纪60年代广泛传播的思潮——分析哲学——应运而生。语言哲学、语言分析正是这一思潮的内核。经历了众多理论上的修订，分析哲学直至今日依然是最为强势的思潮之一。分析哲学学派第一部重要著作为艾耶尔（Alfred Jules Ayer，1910—1989）创作的《语言、真理与逻辑》（*Language, Truth and Logic*，1946）。书中，艾耶尔以经验的方式确定了形式验证的原则并将重言式命题之外所有不符合这一原则的命题视为形而上的。归纳式的推论也获得了认可。哲学只剩下了逻辑分析。分析哲学晚期的代表则对纯粹的观察性语言以及艾耶尔的思想展开了批判。

在维特根斯坦的晚期哲学思想之后，"语言学转向"第二大思潮应运而生。这一思潮旨在分析日常生活语言，主要代表人物为赖尔以及奥斯丁。这里的语言哲学不再致力于科学语言建构，而是将目光投向了与日常生活联系最为紧密的生活实践中的语言应用，以此达到精确的意义分析。

吉尔伯特·赖尔（Gilbert Ryle，1900—1976）既受维特根斯坦的影响，又受到胡塞尔现象学以及海德格尔思想的影响。在主要著作《心灵的概念》(*The Concept of Mind*，1949；德文版，1969年）中，赖尔提出了一套有关精神的理论。这一理论以分析的形式探讨日常生活中心灵与心理的相关概念。赖尔的分析表明，我们如果不通过事实上外在可以观察的行为或是行为方式，是无法对人类精神、内心进行认知的。由此，赖尔摧毁了"机器中的心灵教条"、笛卡尔对于"思想"与"物质"的二元论，正如赖尔之前海德格尔以及维特根斯坦所做的那样。赖尔思想的核心在于指出了范畴上的错误，例如，将心理特质概念——指人的可预期行为的概念（如勇敢、吝啬）——客观化为内在的心理过程或属性。

约翰·朗肖·奥斯丁（John Langshaw Austin，1911—1960）将语言分析理解为语言学的现象学。从这种表述中不难看出现象学、解释学以及语言哲学体系上的亲缘性。奥斯丁最大的功绩在于在《如何用语言做事》（英文版，1962年；*Zur Theorie der Sprechakte*，1975）中提出了一套具有开创性意义的语言行为理论。语言行为没有真伪之分，只有成功与否、是否当真。例如"我将你命名为约翰"或者"我向你保证，我明天会来"。在其另外一部重要著作《感觉与可感觉的事物》（*Sense and Sensibilia*，1962；*Sinn und Sinnerfahrung*，1975）中奥斯丁进一步深化了认识论的分析。奥斯丁反对还原论的经验主义（例如艾耶尔），因为日常生活中的感知更为复杂，整体性更强。

理查德·麦尔文·黑尔（Richard Mervyn Hare，1919—2002）将普通语言哲学运用到了实践哲学之上。在其《道德语言》（英文版，1952年；*Die Sprache der Moral*，1972）以及《自由与理性》（英文版，1963年；*Freiheit und Vernunft*，1973）中，黑尔分析了道德的语言，特别是命令的、规范的命令式，并以此达到了将康德绝对律令（Kategorischer Imperativ）重新表述为普遍的逻辑规范。

威尔弗里德·塞拉斯（Wilfrid Sellars，1912—1989）在其主要著作《经验主义与心灵哲学》（*Empiricism and the Philosophy of Mind*，1963）中深化了语言哲学中的意向性分析。他批判了"既定神话"，并以此影响到了罗蒂及其主要著作《哲学与自然之镜》（*Philosophy and the Mirror of Nature*）（见下文）。

彼得·斯特劳森（Peter F. Strawson，1919—2006）在语言分析的基础上提出了一种描绘性的形而上学。在主要著作《个体》（英文版，1959年；*Einzelding und logisches Subgekt*，1972）中，斯特劳森提出了自己与个体相关的命题：作为个体的人与其精神特质都是本体上不可还原的。斯特劳森由此倾向于以分析、描绘的方式靠近康德的先验论证［正如斯特劳森在其作品《感觉的界限》（英文版，1966年；*Die Grenzen des Sinns*，1981）中所为］。

威拉德·冯·奥曼·奎因（Willard Van Orman Quine，1908—2000）对分析哲学在美国的进一步发展影响巨大。其《论何物存在》（*On what there is*，1948）、《语词和对象》（英文版，1960年；*Wort und Gegenstand*，1980）以及《本体论的相对性及其他论文》（英文版，1969年；*Ontologische Relativität und andere Schriften*，2003）等著作中最为关键的便是针对翻译以及理论建构，将相对性、不确定性等命题作为他的批判手段。奎因由此提出了一种适度的、整体性的对于语言以及科学的理解。这一点之后成为了通往科学批判讨论的连接点：残存的逻辑经验主义要么对自身的要求进行大幅度的限制，要么索性放弃（例如罗蒂，见下文）。纳尔逊·古德曼（Nelson Goodman，1906—1998）在其著作《构成世界的多种方式》（*Ways of Worldmaking*，1978；*Weisen der Welterzeugung*，1984）中将分析哲学运用到对于人通过象征的形式对世界进行理解的基本问题之中。在《艺术的语言——通往符号理论的道路》（英文版，1968年；*Sprachen der Kunst*，1998）中，古德曼则特别将艺术的语言作为了全书的主题。

迈克尔·达米特（Michael Dummett，1925—2011）对弗雷格的思想［《语言的哲学》（*Philosophy of Language*，1973）］、数学哲学［《直觉论基础》（*Elements of Intuitionism*，1977）］以及意义理论［《形而上学的逻辑基础》（*The Logical Basis of Metaphysics*，1991）］均做出了具有里程碑意义的研究。与奎

因的整体论（Holismus）不同，达米特坚持认为，单个的句子才是一切意义的基础。

约翰·塞尔（John R. Searle，1932年生人）在其著作《语言行为》（英文版，1969年；*Sprechakte*，1971）中进一步发展了奥斯丁的语言行为理论。在其另一部作品《意向性》（英文版，1983年；*Intentionalität*，1987）中，塞尔通过强调所有心灵层面特性的方式，探讨了有关心灵的理论。分析哲学的发展一直延续到当下的讨论。

第九章　科学哲学与科学史

在奥地利，物理学家、哲学家恩斯特·马赫（Ernst Mach，1838—1916）在其卓越的著作《力学史评》(*Die Mechanik in ihrer Entwicklung historisch-kritisch dargestellt*，1883)、《感觉的分析与物理的到心理的之关联》(*Die Analyse der Empfindungen und das Verhältnis des Physisçhen zum Psychischen*，1886）以及《认识与谬误——探究心理学论纲》(*Erkenntnis und Irrtum. Skizzen zur Psychologie der Forschung*，1905）中已经将科学理论、认识论与科学史三者紧密结合在一起进行研究，并极大地影响了维也纳学派。20世纪后半叶，科学哲学与科学史视角的发展则主要受到波普尔的批判理性主义以及库恩、费耶阿本德、拉卡托斯等人科学史理论的影响。

卡尔·波普尔（Karl Popper，1902—1994）凭借著作《研究的逻辑》(*Logik der Forschung*，1934）跻身20世纪最具影响力哲学家之列。波普尔强调在整个人类进步过程中知识的易错性。由此，进步过程可以理解为"尝试"与"错误"两者之间不断持续的交替。每一个局部问题的解决都隐藏着或者说生产着新的问题。从这一基本视角出发，波普尔展开了自己有关科学哲学核心的理性假设：首先一般理论必须能够被经验性地反驳，它必须是可以被证伪的。其次，科学家应当积极地寻找这种证伪过程,而不是尝试去追求理论的确认。由此,批判式验证成为了批判理性主义的核心方法论。以此为基础,早年的波普尔不仅反对维也纳学派以及卡尔纳普提出的逻辑经验主义的验证原则,同时还对所有教条式的真理性诉求与有效性诉求做出了批判。此外,波普尔还将自己的批判分析拓展至政治哲学层面。1937年波普尔从维也纳踏上逃亡道路。在早期流亡新西兰时,波普尔便已经针对纳粹主义以及斯大林主义两种国家恐怖主义展开了讨论。在《历史决定论的贫困》(*The Poverty of Historicism*,1944/1945)与《开放社会及其敌人》(英文版,1945年;*Die offene Gesellschaft und ihr Feinde*,1957年/1958)中,波普尔指出,人类知识的不完整性、谬误性使得人类无法在社会以及政治中完成"完善的"计划、组织、目的。为此,波普尔批判了柏拉图、黑格尔、马克思等人的经典论著,将其视为危险的歧途。只有在一个开放的社会中,多元论与民主观念才有可能实现。因为只有在这样一个社会中,人类才能意识到自身的谬误性,认识到知识的局限性,才能意识到做出修正的必要性。只有这样才可以使得人类放弃对于一种可能导致极权主义灾难的盲目的、乌托邦式理念的执着。由此,证伪主义的方法论从科学哲学层面拓展到了政治、实践层面。这一发展极大地促进了波普尔哲学以及批判理性主义世界范围内(特别是二战之后)的影响力,并从侧面促进了西方社会民主的巩固。波普尔受聘前往伦敦经济学院任教至1969年,并于此期间完成了另外一批著作的撰写：《猜想与反驳：科学知识的增长》(*Conjectures and Refutations: The Growth of Scientific Knowledge*, 1963) 以及《客观知识：一个进化论的研究》(*Objective Knowledge: An Evolutionary Approach*, 1972)。1965年，波普尔获封爵位。随后，波普尔通过一种进化论式的认识论进一步深化了自己的理论。他以生物学上的进化论和达尔文主义为背景，重构了人类认识能力的产生与发展。在其论述中，进化论中的生物选择被替换为人类自我批评的能力与语言能力。波普尔拒绝一切因果决定论。他认为世界更多的是由可能性组成的空间，在这一空间之中，人类的责任以及塑形均自由开展［《倾向的世界：对于因果关系的两种新观点》(*A World of Propensities: Two New Views of Causality*, 1990)］。这也应和了波普尔早期对于历史哲学决定论的批判：历史的规律性（例如传统马克思主义试图要求的那样）是立不住脚的。与之相对，自我批判式的理性视角在于避免、克服所有可以被认识的缺陷、错误与弊端，而不是策略性地创造"善"或者是类似的理念。这样一种有关于尺度的政治已经足够人类忙活的了。

汉斯·阿尔伯特（Hans Albert，1921年生人）在他的批判理性主义中采纳了波普尔的方法［《批判理性论》(*Traktat über kritische Vernunft*, 1968)］。阿尔伯特理论体系的核心在于著名的"明希豪森三难困境"(Müchhausen-Trilemma)：谁若是在命题过程中强调绝对的、最终的真理，那要么是深陷于某种教条或是逻辑循环论证之中,要么便是陷入了无尽的复归(Regress)。简单来说:最终结论是不可能的。

托马斯·S.库恩(Thomas S. Kuhn, 1922—1996)在其成名作《科学革命的结构》(英文版, 1962年; *Die struktur Wissenschaft licher Revolutionen*, 1976)中提出的"范式"(Paradigma)以及"范式转换"(Paradigmenwechsel)概念极大地影响了他的学术生涯。因为科学的发展绝对不是稳定连续的,更多的是在诸多被视为"正常学科"的内部不断衍生出"不正常"的状态,继而引发困境,最终导致科学上革命性的变革(哥白尼以及伽利略)。革命会催生新的"范式"——一个全新的基本模式。这一全新的基本模式则会带来例如一种新的世界观、一种新的生命观(达尔文)或者对于科学基本概念[如"力""质量""空间""时间"(牛顿、爱因斯坦)]全新的理解。库恩晚期分析的重心在于理论的"不可通约性"(Inkommensurabilität)概念上,[《可通约性、可比性、可交流性》(*Commensurability, Comparability, Communicability*, 1982)]以及它们不可通约的原因。与维特根斯坦相同,库恩同样以语言批判的视角否定真理符合论,否定现实与认识之间的关联。自然科学的历史同样表明,科学诞生于社会的合作背景,这些科学的"语言游戏"正是在具体的"生活形式"之中发展出来的。理论家同样寻找着佐证并将自己的方法论引向这个方向——直到某一个新的视角可以颠覆当前的理论。与宗教史、社会史、艺术史之间的类比关系是贯穿始终的。随后,维特根斯坦与库恩所代表的反实在论的意义建构的"内在论"思想,在普特南和罗蒂处获得了进一步的发展。

保罗·K.费耶阿本德(Paul K. Feyerabend, 1924—1994)极端化了这种科学史的理论设想。他采用的是一种饱受争议的方式,即提出一种无政府主义的替代者:在其《反对方法:无政府主义知识论纲要》(英文版,1975年;*Wider den Methodenzwang*, 1975)中,费耶阿本德反对所有方法论上的规制。由此,费耶阿本德与维特根斯坦、库恩一起提出了一种有限制的、始终可以超越的对于方法论规则有效性的设想。在《自由社会中的科学》(英文版,1978年;*Erkenntnis für freie Menschen*, 1979)以及《告别理性》(英文版,1987年;*Irrwege der Vernunft*, 1989)中,费耶阿本德从这种消极的科学理论中提出了科学与文化多样性的结论。费耶阿本德的理论设想常被误解为随意性以及相对主义的拥趸,认为"一切皆有可能";但实际上,费耶阿本德想在强调科学自由性的同时,不失去对其局限性、易谬性的承认。从政治上来看,他的分析使得诸如宗教学等学科与国家分离开来,这些学科不再被赋予特权。费耶阿本德的目的在于挖掘知识传统中的多样性,而这也将进一步促进国际范围内不同文化之间以和平方式达成文化上的多样性。

伊姆雷·拉卡托斯(Imre Lakatos, 1922—1974)在波普

尔、库恩以及费耶阿本德思想的基础上进行了修订，形成了自己的证伪理论，对科学研究纲领的方法论展开了独特的分析。在其主要著作《科学研究纲领方法论》(*The Methodology of Scientific Research Programms*，1978) 中，拉卡托斯区分了理论硬核以及围绕着硬核的保护带——辅助性假设。通过这种方式，拉卡托斯同时完成了对于证伪概念的进一步区分（与库恩相对，从费耶阿本德意义上），提出了一种改良过的审视科学进步的模型。

数学家、哲学家保罗·洛伦岑（Paul Lorenzen，1915—1994）通过自己有关对话逻辑的分析提出了一套名为"建构的科学哲学"(Konstruktive Wissenschaftstheorie) 的理论。在这一理论逻辑下，真理的概念是由对话的可赢性这一实用主义概念规定的。随后，洛伦岑与海德格尔的学生威廉·卡姆拉（Wilhelm Kamlah，1905—1976）一起完成了《逻辑学入门》(*Logische Propädeutik*，1967) 的撰写。在其《方法思维》(*Methodisches Denken*，1968) 以及《建构的逻辑学、伦理学以及科学理论》[*Konstruktive Logik, Ethik und Wissenschaftstheorie*，1974，与奥斯瓦尔特·施韦默尔（Oswald Schwemmer，1941年生人）合著] 中，洛伦岑将所有科学的方法论建构视为研究的目的。这一目的的实现则需要通过非循环式的、每一步均合理的、令每个人都可以理解的日常实践的建构。一种理性的文法由此引出了一种操作性的逻辑学，一种着眼于几何、时间以及质量测量的原物理学,一种处理相互矛盾的目的的政治学,一种为争论提供论证素材的伦理学。由此,洛伦岑强调政治的主体间性(Transsubjektivität)并提出了一种"民主社会主义"(demokratischer Sozialismus)的模型。库诺·洛伦茨(Kuno Lorenz,1932年生人)、奥斯瓦尔特·施韦默尔(1941年生人)、卡尔·弗里德里希·盖斯曼(Carl Friedrich Gethmann,1944年生人)、康斯坦茨的弗里德里希·坎巴特尔(Friedrich Kambartel,1935年生人)、约尔根·米特尔施特拉斯(Jürgen Mittelstraß,1936年生人)和彼得·扬尼希(Peter Janich,1942年生人)均深受洛伦岑与卡姆拉的影响。

第十章　社会与共同体、法权与话语

20世纪（特别是后半叶），实践哲学、政治哲学、法哲学与社会哲学同样取得了重大的进步与发展，提出了一系列极具创造性的理论学说。当中最为重要的当数汉娜·阿伦特（Hannah Arendt，1906—1975）以及乔治·米德（George Herbert Mead，1863—1931）的政治哲学思想。

汉娜·阿伦特曾就读于马堡，后转至海德堡大学，1928年在雅斯贝尔斯处完成了《论奥古斯丁"爱"的概念》（*Liebesbegriff bei Augustin*）的撰写，获得博士学位。1933年，阿伦特由于自己犹太人的身份被迫流亡至法国，直至1949年均致力于支持国际犹太人组织的工作。随后，阿伦特流亡美国。1963年受聘担任纽约社会研究新学院（New School für Social Research）教授。然而，阿伦特有意不将自己定义为教授，而是作为政治理论家。在其主要著作《极权主义的起源》（*The Origins of Totalitarianism*，1951）中，阿伦特以纳粹主义和斯大林主义为例探讨了极权统治的元素与起源。两种暴力体制均完全将个体工具化，并通过工业化之后的现代社会中被剥夺行为能力的大众社会使其变成可能。1961年，阿伦特受《纽约客》杂志所托，前往以色列报道对于纳粹主义者艾希曼（Aldolf Eichmann）的审讯。这期间，阿伦特完成了著作《耶路撒冷的艾希曼——一篇关于平庸之恶的报告》(*Eichmann in Jerusalem. Ein Bericht von der Banalität des Bösen*, 1963)。文中, 阿伦特的核心命题在于对不加思考的盲从、领导层缺失罪责意识以及最为平庸却最为恐怖的群体犯罪的激烈讨论与批判(见波普尔)。

在第二部著作《人的境况》(英文版, 1958年; *Vita activa oder Vom tätigen leben*, 1960)中, 阿伦特开始讨论其政治理论体系的人类学基础, 并为此回溯至亚里士多德一些基本的哲学区分: 阿伦特区分了劳动、工作以及行动(技术、诗与实践)。社会合作与交流的中心是实践。所谓实践正是自由个体之间的交流行为, 而这些行为本身又会不断引发新的行为。在此背景之上, 阿伦特借鉴了海德格尔对于有限性以及必死性的讨论, 并将其对于"被抛状态"(Geworfenheit)的分析发展为自己的基本概念"诞生"(Natalität)。对于身处集体中的公民而言始终都会出现新的构思, 他们知道, 这些构思将在交流实践中带给他们可以信任的指引。在古典时期的设想之中, 劳动与工作往往隶属于行动之下。阿伦特认为在现代的发展中人类的这一秩序得到了反转——技术、经济与专门科学占据了统治的地位。哈贝马斯后来强调, 他有关交往行为的理论正是受到了阿伦特的影响。

对于20世纪社会哲学的讨论以及理论的发展而言, 米德的影响同样不容小觑。

乔治·赫伯特·米德的思想主要受到威廉·詹姆斯以及约翰·杜威等人实用主义思想的影响。此外,米德还曾在德国求学于威廉·冯特以及狄尔泰。由此,米德发展出一套功能主义的社会心理学,认为在社会交互过程中,个体间相互影响的行为方式对于意义具有建构功能。人、人的行为以及理解都只能在共同的行为框架下才可以被领会——这一观点成为了米德"符号互动论"(Symbolischer Interaktionismus)的基础。在其文章《社会意识与意义意识》(*Social Consciousness and the Consciousness of Meaning*,1910)中,米德确立了这一理论。它揭示了与我互动的他者的观点预期,这也是我的自我身份和自我的形成的构成因素。这种分析中所蕴含的社会哲学思想,对20世纪主体间性理论的发展产生了持续的影响。

这一主题最为重要的代表是约翰·罗尔斯(John Rawls,1921—2002)的哲学思想。1962年起,罗尔斯开始任教于哈佛大学。罗尔斯的主要著作《正义论》(英文版,1971年;*Eine Theorie der Gerechtigkeit*,1975)展开了一套强大的理论体系,并在世界范围内产生了不可估量的影响。毫无疑问,这部著作也是20世纪最为重要的哲学著作之一。结合此书随后的不断修订,它也成为了直至今日探讨普遍主义以及社群主义之时援引的核心。

罗尔斯认为自己理论的任务在于探讨经济与社会公正的原则。为了可以通过理性的方式完成这一任务,罗尔斯进行了一个思维实验。他假设了一种"原初状态",这是一种在"创世"彼岸的状态。所有之后的社会、国家(所要探讨的正是这些社会、国家的原则)的成员均会聚于这一状态之中。罗尔斯向这些假设的人类提出疑问:未来的社会将遵循何种原则,创造何种法律法规?罗尔斯思维实验的说服力还在于接下来的虚构前提,也就是著名的"无知之幕"(Schleier der Unwissenheit):原初状态中的人类必须在不考虑自己在社会中具体定位的情况下(不论他是什么角色、形象,是男是女,黑人或是白人,健康与否,是孩童还是老人,贫穷或是富有,残疾与否,是天才还是迂腐之人)完成对于原则的构想。通过这种方式,罗尔斯通过原初状态虚构了一种情况,在其中,国家未来的公民必须在不知晓自身未来利益、需求的情况下制定共同生活时所意愿遵守的原则。通过"无知之幕"的构想,罗尔斯实现了所有参与者的最高平等和自由的决策状况。所有的参与者都被迫以其他人的角度去思考问题,正如康德通过其命令式所试图要求人类去做的那样。

那罗尔斯根据所虚构的"无知之幕"下的原初状态得出了哪些原则呢?罗尔斯认为,最为重要的是两种原则。第一条原则是自由与平等。由于我不知道我将会在社会中扮演何种角色,我无论如何都必须为我在未来社会中的自由与平等做出最大可能的构想。第二条原则是社会经济的公正性,罗尔斯将其称为"差别原则"(Differenzprinzip)。这一原则认为,社会中

(现实情况中无法避免)的不平等应当从整体上对社会中的所有个体均有利。这一原则应当保证,即便是对于最为贫穷、需要帮助的人而言,这种不平等也应当是使其获利的。这对于税法的意义非常明显。因此,法制体系中社会国家以及个体权益的形式均与这两条原则关联在一起。民主以及所有国家社会经济的规定均源自于此。从这一原初状态中——如果罗尔斯的建构具有足够的说服力——可以推导出如下假设:社会中的社会经济组织必须竭尽全力满足即便是处境最差、最贫穷以及最需要帮助的成员的利益需求。

在罗尔斯的理论体系中自由原则始终是先行的。这一原则是不容许加以限定的。在当下的讨论中我们再次看到罗尔斯的体系是多么富有成效和意义深远。我们仅需考虑与我们休戚相关的两个大的问题即可:生态以及后现代社会的年龄变化。假设我们身处原初状态之中,我们绝对不可以以我们当下的利益为由剥削、摧毁环境——因为我们并不知道,我们是否就会是面对被污染的海洋以及被砍伐殆尽的森林的一代。同时这也有关于代际之间的平等问题。我们作为当下的一代不可以牺牲下一代的利益来满足我们舒适生活的需求。与此同时,对于天才以及需要援助者的帮助也不可以疏忽任何一方,因为我自己之后也有可能会身处困境。简单来说,罗尔斯的理论为一个可持续发展的、合理的生态以及社会政治阐明了前提。

在后来的作品中,鉴于当代国际形势的复杂文化、宗教多元化，罗尔斯放弃了他的超验普遍主义的论证方法。他现在试图用"重叠共识"(overlapping consensus) 的模式来保持他的正义概念的核心假设的有效性；它必须可以表达我们共同生活的实践基础，所有社会、文化以及宗教都应当可以在这一基础上达成一致。罗尔斯的著作再次引起了激烈的讨论，其理论被视为社群主义之外另一种可能的理论体系，而这一体系从根本上批判了抽象的普遍主义（麦金太尔、沃尔泽、泰勒，见下文）。

另外一个对实践与政治哲学产生巨大影响的是由哈贝马斯提出的、以交往理论为基础的"话语伦理学"(Diskursethik)。1956 年至 1959 年，哈贝马斯曾任职于社会研究所。法兰克福学派促使哈贝马斯将一种规范的、批判式的社会哲学基础作为自己研究的重心。早在教授职位论文《公共领域的结构转型》(*Strukturwandel der Öffentlichkeit*，1962) 和著作《理论与实践》(*Theorie und Praxis*，1963) 中，哈贝马斯便尝试将批判的反思与有关具体社会关系的社会学分析结合在一起。哈贝马斯通过《社会科学的逻辑》(*Logik der Sozialwissenschaften*，1967)、《作为"意识形态"的技术与科学》(*Technik und Wissenschaft als《Ideologie》*，1968) 以及《认识与兴趣》(*Erkenntnis und Interesse*，1971) 逐步完成了这一研究课题的建构与深化。贯穿哈贝马斯思想最为基本的区分为"目的理性"与"交往行为"之间的区分。这一区分背后还蕴含着传统的技术与实践（亚里士多德）以及知性与理性（康德）区分。在对社会学家卢曼（见下文）的系统论进行研究之后，哈贝马斯完成了《交往行为理论》(*Theorie des kommunikativen Handelns*, 1981) 的撰写。在随后的研究中，哈贝马斯不断致力于一种批判社会理论以及对话伦理学的研究 [《道德意识与交往行为》(*Moralbewusstsein und kommunikatives Handeln*, 1983)]。哈贝马斯的目的在于，将自己的实践基础反思拓展至有关权利的讨论之中 [《事实与价值》(*Faktizität und Geltung*, 1992)；《包容他者》(*Die Einbeziehung des Anderen*, 1996)]。在此过程中，哈贝马斯加入了大量有关现代社会政治发展的分析。

哈贝马斯的基本思想应当如何理解呢？人类的认知和与之相关的兴趣虽然必然有所区分，但却是密不可分的：处于中心位置的是技术的认知兴趣、实践的认知兴趣以及指向批判的认知兴趣，这三者分别衍生出了自然科学、人文科学以及批判哲学。这些认识方式的基础在于人类的语言能力，即交往能力。通过这种方式，哈贝马斯接受了语言哲学转向。哈贝马斯有关语言的思考借鉴了塞尔（J. R. Searle）以及奥斯丁的语言行为理论：我们的言说是一种具体的实践行为，每一个言说行为均暗含一个特殊的"有效性诉求"。例如，当我们宣称、祝愿、要求、欢迎或是拒绝某事。哈贝马斯认为，存在四种基本形式的语言行为，四者之间可以借助不同的有效性诉求进行区分：

交往行为、目的性行为、戏剧性行为以及规范调节行为。这些隐含的有效性诉求将被重构为对所使用的语言表达形式（话语和文字）的可理解性的意义建构兴趣，对所使用的句子真实性的意义建构兴趣，对使用该语言的人的真实性的意义建构兴趣以及最后对所表达的规范和价值正确性的意义建构兴趣。这种重构表明：每当我们在日常生活实践中，为了将我们的兴趣与观点表达出来而运用我们的语言，我们都会强调这些有效性诉求，在此过程中，我们同样需要获得我们对话对象的认可。由此我们可以在日常交往中分析出一种贯穿其中的"规范内涵"，正是这一内涵为我们的理解创造了可能与条件。

以此分析为基础，哈贝马斯提出了"理想言谈情境"（ideale Sprechsituation）的理论设想。我们必须创造一个以最佳方式应和这种"规范内涵"的言谈情境吗？为了回答这一问题，建构一个理想化自由平等的环境便是必不可少的。这种场景是一种理想化的平衡：所有参与者均获得完全平等的机会应用自己的语言行为，相互之间完全不受限制。

在这一点上，哈贝马斯的思想已经与阿佩尔的"先验语用学"（Transzendentalpragmatik）紧密相关。卡尔-奥托·阿佩尔（Karl-Otto Apel，1922—2017）在其著作《哲学的改造》（*Transformation der Philosophie*，1973）中将康德的先验哲学与皮尔士的实用主义哲学结合在一起，并由此提出了一个有关真理的共识理论。这一理论中，跨主体的有效性成为了所有交际的建构因素。在阿佩尔看来,交际行为的先验意义已经包含了交流的、普遍的伦理学的基础。这与人类生活的任何物质条件无关,因此不受任何亚里士多德主义的影响,可以说是超自然的。这种阿佩尔先验语用学中有关规范内涵的普遍性伦理学被阿佩尔上升为"终极根由"——同时针对批判理性主义以及"明希豪森困境"。汉斯·阿尔伯特因此批评阿佩尔的思想重复性强且过于教条:理想的交往社群仿佛一位"阐释之神"一样行使职权[《超验空想》(*Transzendentale Träumereien*,1975)]。

与阿佩尔密切合作的哈贝马斯却抛弃了阿佩尔提出的先验的终极根由。哈贝马斯的社会科学倾向更强调话语伦理学与社会实践、政治以及机构之间具体的协调。在此背景下,哈贝马斯将自己的社会批判理论拓展至了更为宽泛的基本区分之中:哈贝马斯对胡塞尔基本概念"生活世界"进行了援引,并在现代社会的具体背景之下将其进一步划分为"系统"与"生活世界"两个基本概念。"系统"构成了社会维持自身以及再生产过程中功能的、工具的结构;"生活世界"则是社会规范性、主体间性以及交流性的基础,即具体生活实践层面[在《晚期资本主义的合法性危机》(*Legitimationsprobleme im Spätkapitalismus*,1971)中展开阐述]。现代社会的特点在于,其所有系统结构(管理、官僚机构、法律法规、技术的投入、经济过程网络化程度的提升、科技以及医学中科研发展的影响等等)的复杂性始终处于增长态势之下。一方面,这一发展带来了在生活世界里行为可能性上有意义的拓展（即更多获得信息的渠道、更多交流的可能性、更好的旅行机会）；但另一方面，这一发展也带来了许多明显的危险，即（正如哈贝马斯所引入并逐渐出名的概念）"生活世界的殖民化"（Kolonialisierung der Lebenswelt），一种对人类生活关系通过系统的、技术的、官僚的以及经济的命令式进行异化、物化的危险（而这一变化本身随着复杂化的提升是自然而然的）。哈贝马斯由此在其分析过程中始终强调"系统"与"生活世界"之间紧密的网状关联。哈贝马斯拒绝将"系统"与"生活世界"视为"异化结构"与"真实的人类世界"之间的简单对立。这两个人类社会的不同维度更多地处于相互交织的关联之中。但正是由于这个原因，必须从规范和批判的角度评估各个层面组织的体制形式，并将其与话语的合法性联系起来。由此不难发现，哈贝马斯有意识地与法兰克福学派传统的批判理论保持距离，以创造性的方式系统地脱离了阿多诺（"错误的生活中不存在正确的生活"）以及霍克海默（"对于一个全然相反世界的渴望"）等人原教旨主义社会批判中的极端否定主义。哈贝马斯的交往理论为他在出版界获得了"联邦共和国的黑格尔"的称号。

哈贝马斯在随后有关法哲学（如在其作品《事实与价值》以及《包容他者》中）的研究中进一步深化了这一理论体系。话语伦理学应当如何在法理上具体实现呢？从话语理论来看，只有在自由、理性的话语中得到所有受这些规范影响的人同意的法律规范才可能被制度化。哈贝马斯将这一基本原则称为"民主原则",并在随后对五组基本权利的系统分析中,阐述了这一原则的内涵。这五组基本权利分别为:自由权、参与权、基本控诉权、平等参与立法程序权以及生态学意义下的基本生存权。通过对这些权利的分析,哈贝马斯认为德国的宪法以及程序宪法的基础从根本上符合这一理论。因此,哈贝马斯主张一种"宪法爱国主义",这一爱国主义绝不可以经过理性的界定,而必须在话语伦理的普遍主义视角上进行思考。在随后的许多文章中,哈贝马斯在之前业已开展的话语伦理理论体系基础上,结合欧洲宪法的视角对"公正"与"团结"之间的调解,对全球化过程中"人权"的意义以及"启蒙"与"现代"成就的延续展开了思考[《关于欧洲宪法的思考》(*Zur Verfassung Europas*, 2011)]。诸如国家共同体主义(麦金太尔、泰勒),功能主义和结构主义(卢曼、福柯)以及相对主义和后现代主义(罗蒂、德里达)等对立方多年来一直是他的对话者,这也使得哈贝马斯的哲学思考本身便是话语伦理理论基本模式的实例。阿克塞尔·霍耐特(Axel Honneth,1949年生人)进一步延续了对于社会哲学以及法理学基本反思的研究,并完成了自己的著作《自由的权利——民主道德纲要》(*Das Recht der Freiheit. Grundriss einer demokratischen Sittlichkeit*, 2011)。

德国社会学家尼克拉斯·卢曼(Niklas Luhmann,1927—

1998）在其众多理论著作中不断探讨着社会的功能系统理论。卢曼认为，可以降低社会复杂程度的社会秩序才是有意义的，并可以促进生活的过程。卢曼认为这些秩序正是社会的系统，或者说亚系统。在对这些系统展开研究之时，卢曼不再拘泥于对于个体、人、自主主体以及个体意识的考虑，而是将系统视为"自我指涉"的［《社会学的启蒙》(*Soziologische Aufklärung* Ⅰ—Ⅵ，1970—1995)；《社会结构与语义学——论现代社会知识社会学》(*Gesellschaftsstruktur und Semantik. Studien zur Wissenssoziologie der modernen Gesellschaft* Ⅰ—Ⅴ，1980—1995)］。通过与哈贝马斯的争论，卢曼完成了《社会的理论或社会技术——系统研究提供了什么？》(*Theorie der Gesellschaft oder Sozialtechnologie-was leistet die Systemforschung?* 1971）的创作。书中卢曼对哈贝马斯提出的欧洲理性以及自我意识的传统做出了批判，并提出了自己的社会批判理论。

哈贝马斯交往理论的实践普遍主义对立面的一大理论系统是新亚里士多德主义，在德国主要为约阿希姆·里特尔(Joachim Ritter) 及其学派，在英裔美国人领域主要是阿拉斯戴尔·麦金太尔 (Alasdair MacIntyre，1929年生人)，他撰写的主要著作《追寻美德——道德理论研究》(英文版，1981年；*Der Verlust der Tugend. Zur moralischen Krise der Gegenwart*，1987) 针对片面自由主义提出对民主的文明社会中共同体权利与组群权利进行反思的社群主义。在早期作品中业已对马克思主义以及自由主义提出批判之后，麦金太尔又以对启蒙与现代的批判为基础，展开自己的亚里士多德主义。麦金太尔试图证明，缺少生活实践为基础的启蒙运动的抽象理性主义将会导致所有层面上现代形式的、单纯的技术工具主义。这一变化带来的后果与损伤则必须由我们做出治疗。与之相对，麦金太尔认为一种全新的亚里士多德式的道德伦理将大行其道，它将所有生活世界中具体的实践均视为具有意义指向的、可以完成的，并将这种美好生活的神学以叙事的方式写入传统。麦金太尔的新保守主义被批评为没有能力面对现代的挑战。罗纳德·德沃金（Ronald M. Dworkin, 1931年生人）、迈克尔·沃尔泽（Michael Walzer, 1935年生人）、查尔斯·泰勒（见下文）、迈克尔·桑德尔（Michael Sandel, 1953年生人）以及玛莎·努斯鲍姆（Martha Nussbaum, 1947年生人）等人均以批判的方式完成着对于社群主义的修订。德沃金在其主要著作《法律帝国》(*Law's Empire*, 1986) 中提出将法律与道德紧密结合起来，并在随后的分析中剖析了这一结合将会带来的影响（如，对于有关工作以及安乐死的讨论）。沃尔泽进一步深化了自由主义与社群主义的对立研究。在《正义诸领域》(*Spheres of Justice*, 1983) 中，沃尔泽便通过结合不同背景对"分配的平等"以及"复杂的平等"进行了深入分析。

第十一章 —— 结构主义、话语分析、后现代与解构主义

法国结构主义传统源于在语言分析方面做出杰出贡献的语言学家费尔迪南·德·索绪尔（Ferdinand de Saussure，1857—1913）。索绪尔表明，语言系统由形式上的结构组成，这些结构相互之间处于功能关联之中。这个功能系统可以完全独立于使用它的个人而被重构。这一系统的结构主要通过主体间和跨主体的方式使得交流变得可能。语言的秩序准则正蕴含在语法以及形式结构中。这一切均先行于经由作为个体的人的应用实践。索绪尔通过大量的个案分析表明，即便在最小的语素（音素、音位）中，其语义场所体现的对立或者对照关系之中也可以窥探出整个语言实践的结构特征。

克洛德·列维-斯特劳斯（Claude Lévi-Strauss，1908—2009）将结构主义的方法运用到了对于社会组织形式（探讨现代以前的社会）与伦理学（探讨乱伦禁忌）的研究之中［《野性的思维》(*La pensée sauvage*, 1962)］，并最终运用到了有关神秘思想的讨论之中［《神话学》(法文版，1964—1971年；Mythological I–IV, 1971—1975)］。在其中，列维-斯特劳斯探讨了神话中的基本区分（自然与文化，生与熟，赤裸与衣装，蜂蜜与灰烬），并赋予这些"区分"以结构意义。斯特劳斯指出的秩序结构均暗含着"普遍"与"恒定"的要求，它们对于（斯特劳斯所研究的社会中的）人类具体生活以及实践关系起着建构作用，即便他们自己并无所知。与索绪尔对语音、语法的分析相似，斯特劳斯同样试图剖析神话中蕴含的结构，以形式为基础探究其影响而不去赋予其固定的具体内容。由于这些结构在发挥作用之时均为无意识（斯特劳斯在此大量援引弗洛伊德），斯特劳斯在此提出了一种不存在超越性主体的康德主义。结构主义由此在社会哲学以及功效解释学层面放弃了意识哲学与认识论上的主体主义。

精神分析学家雅克·拉康（Jacques Lacan，1901—1981）同样深受结构主义影响，并将其思想运用到了对（弗洛伊德意义上的）无意识独立的维护秩序的权力问题的研究之中。拉康无比强调无意识结构的统治，以至于直接抛弃了从笛卡尔到康德的认识论传统。(笛卡尔著名的)"我思，故我在"被拉康宣判为自我误解。拉康略带挑衅地将其改为"我思，在我所不在的地方，因而我在，在我所不思的地方"。无意识中，欲望的主体与恐惧、缺陷处于对话关联之中，而这一切都必然加强同表面理性身份和权威的对立。因此，拉康的理论指向了弗洛伊德试图重构自我身份的治疗目标。拉康尝试在其著名的对于"镜像阶段"的分析中展示，婴儿通过对于镜像的感知逐渐形成一种想象的身份，并由此导致了对于自我的误解 [《作为"我"之功能形成的镜像阶段》(*Das Spiegelstadium als Bildner der Ichfunktion*, 1949)]。此外，拉康还将弗洛伊德对于梦的解析中一些基本概念（移置、凝缩、梦的工作等）"译介"至语言分析的框架之内（隐喻、换喻），因为拉康正是将儿童的自我形成过程与语言习得过程紧密地结合在一起［《精神分析学中的言语和语言的作用及领域》(*Funktion und Feld des Sprechens und der Sprache in der Psychoanalyse*，1953)］。

路易·阿尔都塞（Louis Althusser, 1918—1990）通过自己的著作《保卫马克思》(法文版，1965年；*Für Marx*, 1968) 将马克思有关资本的分析翻译为法文并与巴利巴尔（E. Balibar）一起完成了《阅读〈资本论〉》(法文版，1968年；*Das Kapital Lesen*, 1972) 的撰写，并在书中探讨了一些结构主义的概念。阿尔都塞特别尝试通过一个复杂的由政治、经济、文化相互作用的结构替换掉马克思主义中基础与上层建筑之间的二元关系范式。上层建筑不再仅仅被理解为被经济基础决定的附属品。然而，以主体为中心的分析并不一定反应社会现实。

米歇尔·福柯（Michel Foucault, 1926—1984）深受黑格尔思想，胡塞尔、海德格尔现象学理论，精神病理学以及尼采思想的影响。福柯尝试重构人类对于文化的自我理解的基础。重构过程中，福柯既非单单从经验社会学的角度入手，也非纯粹从历史哲学的角度出发。研究中，福柯更多关涉的是社会实践中具有范式意义的临界领域，如疯癫、疾病、犯罪与性。恰恰在这些临界领域之中，不论欧洲还是其他社会，在自我构成的过程中最为基本的特征可以最好地袒露出来。福柯早期有关疯癫史［《古典时代疯狂史》（节缩版）(*Histoire de la folie à l'âge classique*, 1964)］、临床医学诞生［《临床医学的诞生》(*Naissance de la clinique*, 1963)］以及有关词与物的研究［《词与物》(*Les mots et les choses*, 1966)］，均试图对我们的知识以及文化学的认知可能进行"考古学"研究。福柯的理论引起了强烈的反响，这也使得福柯在法国很快被推举为彼时盛极一时的萨特的思想对手。1970年，法兰西学院为福柯设立了"思想体系史"的教席。此后，福柯进一步深化了自己的话语分析理论，探讨何种权力结构影响着话语。福柯在许多国家都获得了客座教授的待遇并在许多政治运动中（如波兰、西班牙、波斯、巴西等地的解放运动）发挥着自己的作用。

福柯的基本思想在于对西方理性形成的（用尼采的话来说，即谱系学）分析，并在分析过程中结合与理性发展相伴产生的疯人院、医院以及监狱［《古典时代疯狂史》(法文版，1961年；*Wahnsinn und Gesellschaft. Eine Geschichte des Wahnsim Zeitalter der Vernunft*, 1969)、《临床医学的诞生》、《规训与惩罚》(*Surveiller et punir. La naissance de la prison*, 1975年；*Überwachen und Strafen. Die Geburt des Gefängnisses*, 1976)］。福柯通过（以经验社会学研究为支撑）这种方式展示了一个"正常"的"我"以及自我如何在社会规范的生活方式之中进行身份建构。这种被福柯称为考古学的对起源的谱系式重构，可以进一步理解为语言以及每个社会特有的知识形式的形成。福柯将这种独特的语言形式称为"话语"[《词与物——人文学科的考古学》(*Les mots et les choses. Une archéotogie des sciences humaines*, 1966)、《词与物——人文科学的考古学》(*Die Ordnung der Dinge. Eine Archäologie der Humanwissen schaften*, 1971)、《话语的秩序》(*L'ordre du discours*, 1971)、《话语的秩序》(*Die Ordnung des Diskurses*, 1974)]。话语创造了特定的语句,分属于特定的实践形式。福柯意义上的话语分析既不可以被理解为形式主义、结构主义的,也不能仅仅被视为某种解释学意义上的"阐释"。福柯对于疯人院(一个在实践中拘留过于显眼的人的处所)的设立,疯人院选择病人的标准,医生与被视为疯癫的病人之间的关系的分析均成为了探讨"疯癫"这一话语形成史的要素。福柯对于话语以及权力的进一步分析研究以及对谱系学的运用均极强地受到了尼采"道德的谱系"以及"权力意志"思想的影响。疯癫、疾病、犯罪以及性等话语的形成与制度化始终都与社会确立的权力关系紧密联系在一起——知识就是权力。在此过程中,话语形式与不同的权力结构之间复杂、稳定地关联在一起。福柯尝试通过"权力的微观物理学"来把握。福柯对于监视与惩罚的研究展现了,(以宗教权力为基础的)忏悔如何发展为世俗化的审讯、认罪、诉讼过程以及审判(以国家律法权力为基础)的形式。这些"偏离"("非正常")行为以各种不同形态进入了现代医学以及心理学的治疗话语之中。权力与知识话语的每一次共同协作都造成了福柯意义上的"偏移"(Dispositive)。在其后期有关性的著作[《性史》(*Histoire de las sexualité*, 1976—1984)],特别是第三卷"自我的呵护"(*Die Sorge um sich*, 1986)中,福柯从一种伦理上、政治上以及人类自身的"自我呵护"(Selbstsorge)中提炼出了解放的元素。这一切的基础在福柯看来可以在古典时期的生活实践中寻迹。福柯(同样在其政治实践的背景下)探寻的正是当下我们如何实践解放,如何具体完成自我呵护。

福柯以其独特的方法与话题架构对20世纪后半叶的哲学讨论产生了巨大影响,同时也影响到了德里达、德勒兹、利奥塔、阿甘本、巴特勒的哲学思想。

在对福柯建构式的接受中,现代社会在自由平等法权关系的外衣下,在一切领域践行着制度化、控制和规范化的过程。这些过程之中,权力不停地完成着自己的渗透:进入家庭、学校、医院,进入一切日常以及机构的生活之中。

来自纽约的理查德·罗蒂(Richard Rorty,1931—2007)从一开始便深受来自芝加哥的卡尔纳普(及其学生、耶鲁大学的亨佩尔)逻辑经验主义中形而上学批判的影响。然而,罗蒂并没有延续维也纳学派的科学倾向。1967年,罗蒂出版了著名的文选《语言学转向》(*The Linguitic Turn*),汇集了罗蒂最为重要的有关语言分析哲学的文章。在文选的前言中,罗蒂回顾了哲学的语言分析转向,并将其视为一个已然完成的过程。这种带有批判距离的姿态一直贯穿着罗蒂的思想。在主要著作《哲学和自然之镜》(英文版,1979年;*Der Spiegel der Natur*,1981)中,罗蒂以海德格尔和维特根斯坦的认知批判为基础,从根本上对(通过笛卡尔主客二分在本体上以及意识哲学上成为认知范式的)认识反映论做出了批判。现代的自然科学同样源于这一延续了近现代的范式。自然科学同样认为人类的精神是"自然之镜",反射着在他们面前发生的现实。不论形而上学、本体论、意识哲学、认识论还是逻辑经验主义的自然科学理论都以这种反映论为前提。重要的是,罗蒂将这一问题同样扩展至对于超验哲学的批判之上,按照超验哲学的要求,确定地给出认识的普遍可能性条件。罗蒂又向前推进了一步,因为他在尼采的传统之中甚至将相关研究运用到了所有真理要求之上。罗蒂的"后分析哲学"将解释学以及美国实用主义的理论思想纳为己用。我们作为有限的人类不可能从纯客观的"上帝视角"对世界进行观察。我们的知识始终都是视角先行的,都受到我们的兴趣、需求、观点以及看法的影响。一切视角都只有深入到我们各自的文化之中才能被理解。罗蒂认为自己延续了他最为推崇的哲学家詹姆斯、杜威、海德格尔以及维特根斯坦的"诊断"传统:在反映论的思想下我们(正如维特根斯坦所想的那样)被一幅图像所"桎梏",无从脱离。但我们必须跟普遍的真理性诉求与有效性诉求告别。只有在各个不同的行为语境之下,通过各自的目标才能给出符合实际的评判。罗蒂同时还采用了弗洛伊德精神分析的理论：我们对于自身的认识同样也是无从进入的，我们无法看透自身的内在自然天性。罗蒂的思想在认识的各个层面造就了一种文化的、个体的、背景的、实践的相对主义。

在《偶然、反讽与团结》(*Contingency, Irony, and Solidarity*, 1989) 中，罗蒂将自己的认识批判理论运用到了实践之中，并产生了政治效应。由于没有人可以占据（如神一般的）高人一等的位置——不论是通过宗教还是科学的手段，人类应该放弃这种追求，转而对其他的思维方式抱有更多的容忍。一个真正的自由社会正是建立在这种"放弃"之上。我们应当意识到我们文化上的偶然性。依照罗蒂，我们便也由此获得了通往"幽默"的自由。因为，我们可以同自己以及我们的信念保持一种有距离的、讽刺式的关系。如此理解之下的自由民主的文明社会以"自由代替真理"，生活在其中的公民之间方能建立"团结性"。通过这种方式，罗蒂恰恰在其极端的相对主义以及怀疑主义之中给出了一幅有关自由社会以及一个《没有中心的文化》(*Kultur ohne Zentrum*, 1993) 的理想图景。

奎因与塞拉斯对于语言分析哲学的进一步发展强化了这种认识批判。这是因为他们展现了语言的含义以及语句的意义只有在各自的语言语用的背景下才能为我们所理解。这种在意义分析层面的整体论（Holismus）——对于语言应用的整个社会背景的考量——在罗蒂的理解中，符合他的相对主义思想。

凭借真理观批判、认识论批判以及有关相对主义的理论思考，罗蒂被指责为与哲学分道扬镳（"哲学的自杀"）。1992年，罗蒂离开了普林斯顿大学哲学系，被弗吉尼亚大学聘为文化学教授。1998年至2005年间，罗蒂出任斯坦福大学比较文化学教授。在与普特南以及哈贝马斯的争论中，对相对主义的谴责占到了中心位置。经典的反驳论点在于：谁如果像罗蒂一样进行批判，谁便毫无疑问地也会对自己的真理性及有效性提出真正的要求。因为：精心提出的认识批判应当拥有何种地位？文学的地位？诗的地位？以及：任何参与自由文明社会的人，都必须基于宽容给予他人应有的（不论是宗教的还是科学的）真理权。罗蒂本应能够（在他的怀疑主义的反思性自我应用的基础上）将谬误怀疑扩展到对自己的怀疑主义和真理主张的批评中去。那留下的是什么呢？罗蒂一直以挑衅的方式停留在美国的背景以及美国特有的法律之上。

在法国，相对主义以及对于普遍真理性诉求的意识却以另一种方式在德勒兹、利奥塔以及德里达等哲学家处得到了发展。为此，他们对整个现代传统表示怀疑，系统地勾勒一个现代之后的时代："后现代"。方法论上，这个全新的时期同样以告别现代取得成功的方法论为前提，具体在法国便是与彼时处于统治地位的结构主义告别。他们因此提出了"后结构主义"。在后现代主义出现的时候，它几乎成了一种文化时尚，宣布几乎所有经典范式的终结、衰落或死亡。尼采"上帝已死"的宣言成为了这个时代的风格典范,并在世纪之交的背景下预示着"主体的终结""历史的终结"以及欧洲的没落[例如斯宾格勒具有典范意义的《西方的没落》(*Der Untergang des Abendlandes*,1918)]。

吉尔·德勒兹(Gilles Deleuze,1925—1995)与福柯(在政治行动上)、心理分析家伽塔利(Pierre-Felix Guattari,1939—1992)一直保持合作关系,并与后者一起完成了《反俄狄浦斯》(法文版,1972年;*Anti-Ödipus*,1974)的撰写。与马克思和弗洛伊德的基本二分思想不同,德勒兹将生产以及本能、欲望视为可分化的行为,以不断变化的形式转移至语言、经济、性之中,不断地延宕、连接。早在《差异与重复》(法文版,1968年;*Differenz und Wiederholung*,1992)以及《感觉的逻辑》(法文版,1969年;*Logik des Sinns*,1989)中,德勒兹便提出了一种对于语言以及实践中的差异与重复非反映论的理解,并以一种非主体论的方式对观念与经验(德勒兹将其称为超越的经验主义)进行理解。哲学是一门发明概念的艺术,只有概念才能最好地将不断发生的现实的复杂性、多样性表达出来。美学探讨中,德勒兹在现代艺术(贝克特、卡夫卡、普鲁斯特)之外还将目光转向了电影。在电影之中,这种不断分化的运动性被有意识地以直观的方式表达出来。

《后现代的状况》(法文版,1979年;*Das postmoderne Wissen*,1999)的出版使得让-弗朗索瓦·利奥塔(Jean-François

Lyotard，1924—1998）蜚声世界。"后现代"的概念成就了利奥塔的事业并在20世纪80年代成为了时代概念。利奥塔的理论说明了什么呢？利奥塔认为，人类应当告别一切迄今为止在世界历史上占有统治地位的"伟大意识形态"。利奥塔并不想勾勒一个全新的时代，而是想对"宏大叙事终结"之后的当下精神状态进行把握。近现代的叙事（基督教、资本主义、社会主义、马克思主义、共产主义以及技术革命）始终追求将所有的更小规格的叙事纳为己用，使其归属自己之下。与之相对，利奥塔在其《争论》（法文版，1983年；*Der Widerstreit*，1989）中探讨并赞扬了不同类型的语境及语言游戏的复杂性和不可通约性。"后现代"最为原初的含义并非现代的终曲，而是对于一种差异主义坚定的颂扬，正是这一差异主义可以将现代的多层次性挖掘出来。《争论》中的理论尝试通过康德以及维特根斯坦在各种形式各异的、可通约的话语类型中创造一种极端的多元论。这是一种明确对哈贝马斯话语伦理以及真理共识论的质疑。在他的美学中，利奥塔为了分析现代先锋派的艺术，不断推崇崇高之美 [《崇高分析论》（法文版，1991年；*Die Analytik des Erhabenen*，1994）]。有关后现代的讨论在世界范围内都引起了巨大的反响。

雅克·德里达（1930—2004）的理论论述体现了极强的阐释水平，德里达也成为了后现代最为重要的代表人物。德里达出生于阿尔及利亚，其思想明显地受到了自身犹太身份以及列维纳斯思想的影响。1965—1984年，德里达任教于巴黎。他的思想开始于对胡塞尔现象学的阐释，并延续至对海德格尔思想的研究。1967年德里达出版了三部浓缩其基本思想的著作：《论文字学》(*Grammatologie*，1974)、《书写与差异》(*Die Schrift und die Differenz*，1972) 以及《声音与现象》(*Die Stimme und das Phänomen*，1979)。德里达代表着对于海德格尔"存在论差异"进行一种语言哲学倾向的修正：我们在所有对于意义的表达中需要所有已经存在的语言素材，只有这样才可以达到对于事物的理解。传统的本体论以及形而上学却忽略、抛弃甚至压抑这种语言的转介，并因此提出了"在场形而上学"(Präsenzmetaphysik)，认为我们对于"存在"以及"存在者"任何形式的思考都可以通过语言直接进行呈现。与此同时，胡塞尔的现象学还尝试描绘自我呈现的"现象"。正如海德格尔在其存在论差异中所做的，通过将自我呈现的存在者存在从根本上与其他形式的存在者区分开，从而达到一种对于现成状态的存在学的解构，德里达由此将所有存在的语言再现模式与表达出来的意义本身进行了根本上的区分。德里达通过其"解构"将海德格尔的存在论差异在某种意义上转移至语言本身。现象学的描绘语言同样需要对每个自我呈现现象进行思想上的把握，方能将其进行再现。然而（这也正是德里达最为重要的基本思想）语言的再现（不论是通过声音还是文字）本身在结构上是无法把握的（正如海德格尔存在论差异中从每个再现过程中所观察到的)。因为如若不然,根据德里达的分析,当我们可以将语言(具体到声音或者是文字)的意义客观化时,它便会变成某种"现成"的事物。语言在文字中的在场,或者换句话来说就是一种欺骗性的表象。思想的文字性展现在我们的理解源自文字化本身这一真理之中。

利用海德格尔《存在与时间》中对时间性的时机的绽出的分析,我们时间性的文字理解也充分表明了,我们的理解总是尚未完成,我们总在"延宕"(aufschieben)对于词句和意义的理解。也就是说我们的理解始终处于尚未做到的状态,我们对于语句、字词以及意义的理解都只能"延宕";另一方面,我们已经读到的、听到的、说出的都已经成为了过去,我们只能通过回忆的方式对其进行再现。简单来说,语言上的意义仅能在它将来的不在场以及被剥离的状态下才能被预示出来,或者可以通过在其过去的不在场以及被剥离状态中以被回忆的方式出现。语言的意义本身从来不会"在那"。德里达认为,这种语义上的区分适用于所有的文本以及对于文本的理解。当我们通过联想对其进行思想上的补充时,与文本相关联的语义以及实践背景同样被剥夺。通过这种方式,文本原本的意义在德里达处获得了某种创造性的神秘。德里达还将其拓展到了其他更为复杂的文本之上。用较为传统的方式来说:绝对——原初的意义——隐匿于它的无限性之中。由此,批判解释学与一种否定神学联系在一起。确实也存在许多迹象表明,德里达有关差异的解释学可以与犹太传统中对于神圣文本 [即妥拉（Thora），神的语言] 的隐匿性的讨论进行类比。

然而，德里达的否定、批判式分析却又以理性—文本批判的形式明显地区别于上述传统。德里达明确回驳了神学关联。德里达所强调的区分，或者用他自己的概念"延异"，指向的是语言意义本身的不可到达性以及无法对象化的特质。当我们尝试理解一个文本的意义，我们往往是根据我们的理解重复文字"符号"之中展现的意义。由此，文字符号在德里达的术语中仅仅是原初意义的"痕迹"（Spur）。西方形而上学以及本体论均基于"存在"以及"意义"在思想中的"在场"。德里达认为，这种形而上学以及本体论均是"语音中心主义"（phonozentrisch）倾向的，因为这种"在场"正是基于声音以及口语的诱发。德里达的"文字学"（Grammatologie）则反其道而行，赋予文字优先地位，而文字恰恰始终在"不在场"的区分意义上躲避着。德里达的解构将矛头指向了西方的逻各斯中心主义（Logozentrismus）以及与之相关联的权力诉求（援引福柯）。在许多其他的文章中，德里达还将他的解构运用到了律法的效用 [《法律的力量——权威的神秘基础》（*Gesetzeskraft. Der mystische Grund der Autorität*，1991）]、心理分析、马克思主义以及欧洲政治等相关领域的研究之上。政治上，德里达还投入到捷克、南非以及巴勒斯坦等地的解放运动当中。德里达作品首先影响到了美国的文学研究，使得解构上升为影响最为深刻的研究方法。自美国起,德里达的思想又再次掉转回来影响到欧洲。德里达的思想开创了处理文本的全新形式,将文本以多种多样的方式"拆解"开来。特别是在对一些经典名篇的分析中,德里达展示了自己解构的方法。因此,德里达还用解构与明确反对背离解释学以及哲学真理性诉求、有效性诉求的伽达默尔及哈贝马斯展开了激烈的论战。

第十二章

放眼当下
——创新发展

20世纪下半叶的哲学发展呈现出进一步的细化,同时不论各民族还是国际范围的各种不同的哲学门派均展现出相互交织、相互影响的态势。古典哲学、形而上学、超验哲学以及辩证法的传统均在这一时期被系统化地研究、重构以及转型。现象学、解释学以及语言哲学相互结合,构成了新的理论方法,在对于传统创造性的阐释以及吸收中证明着自己。

20世纪60年代以来,解释学与哲学史研究的发展比较复杂。自1971年起,约阿希姆·里特尔(Joachim Ritter, 1903—1974)在德国牵头出版了长达十三卷本的"哲学史辞典"(*Historische Wörterbuch der Philosophie*),并在2007年完成了最后一卷的出版。这部汇聚了上千人心血的鸿篇巨制将"概念史"的方法运用到了哲学之上。在世界范围内,这部丛书都被视为哲学研究中最有帮助的词典之一。里特尔学派中的一些代表人物还在政治上奉行一种亚里士多德化的黑格尔主义[《形而上学与政治》(*Metaphysik und Politik*, 1969)],如赫尔曼·吕贝(Hermann Lübbe, 1926年生人)、奥多·马夸德(Odo Marquard, 1928年生人)以及罗伯特·施佩曼(Robert Spaemann, 1927年生人)。他们在联邦德国以不同的形式(混入实用主义、怀疑论以及宗教哲学的元素)开创了一种启蒙的、现代的保守主义，构成了可以与法兰克福学派批判理论分庭抗礼的一种流派。

菲利帕·富特（Philippa Foot，1920—2010）在语言批判、道德伦理学以及实用伦理学领域开展了各式各样的反思。她对康德绝对说明式（der kategorische Präskriptivimus）展开了批判，并将道德准则重构为依赖于具体情景的假设性命令，目的在于通往美好的生活。[《自然的善》(*Natural Goodness*, 2001)]

卢卡奇的女学生阿格妮丝·赫勒（Agnes Heller，1929—2019）对日常生活 [《日常生活》(*Alltagsleben*, 1970)] 以及需求概念 [《马克思的需要理论》(英文版，1974年；*Theorie der Bedürfnisse bei Marx*, 1976)] 展开了资本主义批判论的研究，并对社会哲学的伦理基础提出了自己的见解。[《普通伦理学》(*General Ethics*, 1988)；《道德哲学》(*A Philosophy of Morals*, 1990)]

迪特·亨利希（Dieter Henrich，1927年生人）的研究主要在于对超验哲学以及德国唯心主义哲学 [《认识费希特》(*Fichtes ursprüngliche Einsicht*, 1996)；《语境中的黑格尔》(*Hegel im Kontext*, 1971)] 的思考。他以自己老师伽达默尔的解释学理论为基础，提出了对于文本进行"论证式重构"（argumentierende Rekonstruktion）的理论。亨利希还提出了一套研究无法探究其背后的自我意识的超验理论，并认为自我意识的基础是无法通过基因进行推导的。[《意识中的基础》(*Der*

Grund im Bewusstsein, 1992)] 除此之外，亨利希还重新审视了德国唯心主义哲学的发展 [《自我的基础——唯心主义史前史研究，图宾根到耶拿 1790—1794》(*Grundlegung aus dem Ich. Untersuchungen zur Vorgeschichte des Idealismus. Tübingen-Jena 1790-1794*. 2 Bde. 2004)]。

汉斯·布鲁门伯格 (Hans Blumenberg, 1920—1996) 在其《隐喻学范式》(*Paradigmen zu einer Metaphorologie*, 1969) 中提出了一套独特的对于语言的解释学反思理论。布鲁门伯格从多方面研究了隐晦的、具有引导效果的语言图像以及对哲学反思具有刻画意义的图像世界，并将视角放置于"哥白尼转向"。[《哥白尼转向》(*Die Kopernikanische Wende*, 1965)；《哥白尼世界的起源》(*Die Genesis der Kopernikanischen Welt*, 1975)] 在其核心著作《现代的合法性》(*Die Legitimität der Neuzeit*, 1966) 中，布鲁门伯格将矛头指向了盛行一时的世俗化理论，反对其所提出的现代本质上为神学内容的现世投影（如 Karl Löwith, 1897—1973）。在其《神话研究》(*Arbeit am Mythos*, 1979)、《世界的可读性》(*Die Lesbarkeit der Welt*, 1981)、《洞穴出口》(*Höhlenausgänge*, 1989) 以及其他一些文章中，布鲁门伯格阐明了自己的核心论题，即我们对于世界以及自我的理解都深受神话以及隐喻元素的影响。

让·鲍德里亚 (Jean Baudrillard, 1929—2007) 在其主要著作《象征交换与死亡》(*Der symbolische Tausch und der Tod*,

1976）中分析了后现代人类关系贬值以及可交换性的原因。鲍德里亚借助其核心概念"仿真"（Simulation）尝试将交流的破坏归因为技术媒介的发展［《视频世界与分形主体》（*Videowelt und fraktales Subjekt*，1989）；《幻想与虚拟》（*Die Illusion und die Virtualität*，1994）］。

基阿尼·瓦蒂莫（Gianni Vattimo，1936年生人）在意大利创立了一套自己的反思式解释学理论，并以其所提出的"弱思维"（schwaches Denken, *il pensiero debole*）为人所知。在其著作《主体的彼端》（法文版，1981年；*Jenseits vom Subjekt*，1986）中，瓦蒂莫认为当下的后现代社会不能再被划归在"强大"的形而上学范畴（如永恒、显著、统治、威权等）中，而应当通过弱化的、历史的，意识到有限性、必死性的概念对其进行思考。瓦蒂莫结合尼采、海德格尔的思想，认为现代、形而上学以及历史哲学的进步论均已处于终点。"弱思维"应当发展为美学体验，一种商品（而非目的）的伦理学，一种有关于复杂的传统史的多样性的思想以及（参见海德格尔）一种对于科学世界进行技术批判的"扭转"。

查尔斯·泰勒（Charles Taylor，1931年生人）反对自然科学及其相关的自然主义的、还原论的、功能主义的以及功利主义的、社会技术的理论，提出以哲学人类学的方式达到对人类的生活现实人性的、合适的理解。行为主义以及机械行为论太过局限［《行为解释》（*The Explanation of Behavior*，1964）；

《人类科学中的解释与阐释》(*Erklärung und Interpretation in den Wissenschaften vom Menschen*, 1975)],黑格尔有关主体性的观点在社会实践、语言实践的背景下则十分恰当[《黑格尔》(*Hegel*, 1975)]。在主要著作《自我的根源》(英文版,1989年;*Quellen des Selbst*, 1994)中,泰勒全面地展现了人类通往对于个体的现代理解的整个历程以及个体复杂的身份建构(内在深度、自我掌控、日常实践中的自我认知、可信的理念)。宗教改革为这条道路烙上了深深的印记。在政治哲学方面,泰勒的立场介于自由主义的尊严和权力的普遍性与社群主义的对少数派的尊重之间。在其新近出版的著作《世俗时代》(英文版,2007年;*Ein säkulares Zeitalter*, 2009)中,泰勒对世俗化的过程进行了细致的历史梳理,并特别观照了宗教传统在现代多样化的延续。泰勒可以称得上是宗教哲学革新派最为著名的代表人物,在其对于宗教哲学的反思中,克服了对于世俗化这一持续的过程所有片面的想象。

塞拉·本哈比(Seyla Benhabib,1950年生人)以自己独特的方式继续发展了批判理论。在《批判、准则与乌托邦》(英文版,1986年;*Kritik, Norm und Utopie*, 1992)中,本哈比回溯至康德以及黑格尔,重新审视了批判社会分析的哲学前提,并在《语境中的自我》(英文版,1992年;*Selbst im Kontext*, 1996)中将这种分析进一步扩展至有关女性主义哲学以及后现代的主题上。本哈比还在其《汉娜·阿伦特——现代的忧郁思想家》（英文版，1996年；*Hannah Arendt. Die melancholische Denkerin der Moderne*，1998）中对汉娜·阿伦特的思想进行了全面的阐释，并在《文化多样性与民主平等》（*Kulturelle Vielfalt und demokratische Gleichheit*，1999）中探讨了多元文化社会。此外，她在研究中将对于物质问题的话语伦理学拓展至美好生活的伦理学。

赫尔曼·施密茨（Hermann Schmitz，1928年生人）早在关于晚期胡塞尔以及梅洛-庞蒂等人的研究［特别是通过《哲学体系》（*System der Philosophie*，5 Bde.，1964—1980）］中，就对现象学的方法进行了系统性的革新，将矛头指向了主观主义以及还原论，目的在于将生活现象本真的样子以及复杂性描绘出来。施密茨反对内外世界的二元对立，对身体的情状、关系、感觉以及感觉空间进行了全面的分析。在《身体性的现象学》（*Phänomenologie der Leiblichkeit*）中，施密茨给出了一个人类经验自我建构的原始模型，并将身体的局促与延伸、膨胀与紧绷作为研究重点。以此为基础，施密茨给出了一个研究人类"感觉空间"的全新现象学方法，对"氛围"（Atmosphären）及其全部的宽度、深度以及容积进行把握。施密茨的思想中，可信的、身体的感觉基础被放置于实践哲学，探究其中通常被忽视的诸如愤怒、羞耻、敬畏、胆怯的感觉的意义。在其《无尽的对象——哲学的基本特征》（*Der unerschöpfliche Gegenstand. Grundzüge der Philosophie*，1990）中，施密茨对自己的诸多研究进行了总结。其他进一步对国际范围内现象学讨论进行系统的历史性分析以及构想新现象学的研究，可以参见伯恩哈特·瓦尔登菲尔茨（Bernhard Waldenfels，1934年生人）以及伯梅两兄弟（Gernot Böhme、Hartmut Böhme，分别为1937年及1944年生人）的研究。

语言分析哲学以多样、复杂的方式迎来了自己的继续发展与学科细化。

保尔·格赖斯（Herbert Paul Grice，1913—1988）虽然同赖尔、奥斯丁、斯特劳森一样分属牛津哲学系，但却尝试将日常生活的语义回溯至心理学概念（意欲、观点、信服、愿望）。[《言辞用法研究》(*Studies in the Way of Words*，1998)]

唐纳德·戴维森（Donald Davidson，1917—2003）研究了奎因"翻译的不确定性"的论题并因其有关"彻底解释"的理论为人所知：我们应当如何理解母语为外语的人的语言行为？如果不知道他们的动机，不知道他们语言表达的意义，是无法进行解释的。因此，评判的标准就是相信命题为真的态度[《彻底解释》(*Radical Interpretation*，1979)]。在其行动理论的框架内，戴维森制定了针对心理事件决定论观点的标准。

斯蒂芬·图尔敏（Stephen E. Toulmin，1922—2009）深受维特根斯坦晚期思想影响，并对伦理学的论证形式进行了分析。他展示了17世纪是如何借助笛卡尔的思想发展出一套无语境的、抽象的纯粹的理性观念，以及这种观念是如何大范围地压制，甚至令人遗忘了传统论题和伦理修辞的潜力（只有蒙田与帕斯卡没有陷入这一发展潮流）。图尔敏认为，这种潜力可以回溯至文艺复兴时期的人本主义所强调的"非形式的逻辑"(informale Logik)。在主要著作《人类理解》(*Human Uderstanding*) 第一卷《集体理性批判》（英文版，1972年；*Kriktik der kollektiven Vernunft*，1983）中，图尔敏从历史成因与语用学的角度对科学理性的发展进行了历史性的溯源（并影响到了库恩以及费耶阿本德的思想）。

阿瑟·丹托（Arthur C. Danto，1924年生人）完成了一部《历史的分析哲学》(*Analytic Philosophy of History*，1965）。书中丹丹赋予了对于历史事件的叙述与阐释独立的地位。他通过分析式的行为理论尝试得出一种"基本行为"的概念。这种基本行为的特别之处在于其并非通过其他行为的完成而引出（例如，最为基本的身体运动）。20世纪80年代以来，丹托开始投身于美学以及艺术哲学的研究。

希拉里·普特南（Hilary Putnam，1926—2016）发展了一套科学现实主义理论，将其视为一种有关理论整体而非单个命题的理论。一种意义的反映论以及一种形而上学实在论的真理符合论在普特南看来都是不可能的：我们必须脱离我们的语用背景，以上帝的目光审视这个世界，才能真正地代表这个世界。因此，普特南反过来发展出一套"内在实在论"：只有通过阐释实践，我们才能真正理解一个对象——一种针对某一个特定描述系统的相对理解。

恩斯特·图根德哈特（Ernst Tugendhat，1930年生人）首先研究了亚里士多德的一些基本哲学概念以及胡塞尔和海德格尔的真理概念[《胡塞尔以及海德格尔的真理概念》(*Wahrheitsbegriff bei Husserl und Heidegger*，1966)]。随后，图根德哈特完成了语言分析转向，于1976年开设了"语言分析导论"的讲座并用语言分析来澄清自我意识问题（1979）。讲座的核心问题在于对第一人称意识状态言说及其真理需求的分析（我知道，2+2=4）。它将图根德哈特引向了伦理学的基本问题[《伦理学问题》(*Probleme der Ethik*，1984)；《伦理学讲座》(*Vorlesungen über Ehtik*，1993)]。他试图通过对伦理感觉（罪、耻、愤怒、自我价值观念）的分析重构来解释这些问题，并将其拓展至对于平等以及人权的思考当中。图根德哈特的近期研究主要涉及人类学以及宗教哲学问题[《自我中心性与神秘主义》(*Egozentrizität und Mystik*，2003)；《人类学，而非形而上学》(*Anthropologie statt Metaphysik*，2007)]。

约翰·H.麦克道尔（John H. McDowell，1942年生人）将对亚里士多德以及实践哲学的阐释与认识论研究结合在一起。在他看来，将事实与价值进行二分处理是一种误解。我们从一开始就以我们的"第二自然"（亚里士多德语）为媒介，即以我们的社会以及交流的身份来经历现实。

20世纪60年代起，分析哲学在其接下来的发展中越来越

第十二章 放眼当下——创新发展

明显地展现出对其他系统理论以及传统哲学的开放性。这种对于解释学、辩证法、超越哲学的开放受惠于维特根斯坦晚期思想的影响。斯坦利·卡维尔（Stanley Cavell，1926年生人）在他从文化哲学、生活实践的视角对于维特根斯坦的研究中意识到了人类的有限性与脆弱性［《理性的主张：维特根斯坦、怀疑主义、道德与悲剧》（*The Claim of Reason: Wittgenstein, Skepticism, Morality, and Tragedy*，1979）］。罗伯特·布兰顿（Robert Brandom，1950年生人）则严谨地对我们语言实践的有效性诉求做出了最为基本的意义分析［《使之清晰：推理、表征与话语承诺》（英文版，1994年；*Expressive Vernunft, Begründung, Repräsentation und diskursive Festlegung*，2000)］。

实践哲学的复兴成为了20世纪60年代以来最为重要的发展之一。对于这次在伦理、道德、法权以及政治哲学层面的反思最为重要的当数罗尔斯的著作以及话语伦理学、新亚里士多德主义、社群主义理论的出现。

对于伦理学的强调与此时人类发展所遇到的挑战密不可分：环境问题以及自然资源的枯竭促使了"生态伦理学"的诞生，不断发展的科学技术则催生了"技术伦理学"。海德格尔的学生汉斯·约纳斯（Hans Jonas，1903—1993）早在1973年便已经在其《有机体与自由》（*Organismus und Freihrit*）的文章中在哲学生物学的框架下对人类身体展开了讨论。约纳斯尝试打破所有物质与精神、自由与自然之间的二元对立，将自由的概念运用在物质交换层面,并以此发展出一套完整的生命哲学理论,认为生命从一开始便优先于精神。在其晚期作品中,约纳斯将研究的重心放置在对于技术与伦理之间关系的探讨。在主要著作《责任原理》(*Das Prinzip Verantwortung*, 1979)中,他根据人类中心主义和现实主义对迄今为止的伦理学进行了批判性的审查。我们更应该将对于自然的破坏以及人类后代应有的权利纳入考虑范围:一门有关于保护、守护、防护的未来伦理学,其原则是"以这样一种方式行事,即你的行为产生的效果与地球上真实的人类生命的永存相一致"。约纳斯随后在其著作《技术、医学与伦理学》(*Technik, Medizin und Ehtik*, 1985)中将这种伦理学运用到了对于人类生物学以及医学的探讨之中:对于有限性的人类而言,随着技术发展出现的生命延长、器官移植、基因操控等更应该唤起我们对于人类道德上的正直与人类尊严的重视。

科学技术的发展带来了新的医学以及生物伦理学问题:哪些措施对于改善生活来说是有意义的,哪些又会导致人类技术上的"完美主义"?在这里,彼得·辛格(Peter Singer, 1946年生人)及其功利主义思想便是对上述问题做出研究的最为重要的理论家之一。其思想的基本出发点为,所谓善,正是我们可以在我们的需求之中、在我们追求幸福的过程之中以及我们躲避灾祸的技巧之中,以功能性的方式推导出来的("偏好功利主义")。以此为基础(虽然饱受争议),辛格对优生学、遗传工程学、安乐死、临终关怀、堕胎以及胚胎干细胞等研究领域存在的争论展开了批判[《实践伦理学》(英文版，1979年；*Praktische Ethik*，1984)]。鉴于对动物的使用和工业化养殖，动物伦理学也被重新讨论。此外，高度发达的社会为生活带来了新的要求与压迫，使得人类重新开始对古典时期便已经讨论的有关生活意义、幸福以及生活艺术的哲学方面的问题展开研究。女性解放运动在现代获得巨大发展，提出了一些只有在"女性伦理学"框架下方能进行讨论的问题。这种女性伦理学、女性哲学划分为两大对立的阵营：一方为有关性别的本体论、本质主义，另一方则是极端的建构主义（即认为性别为社会建构）。露西·伊利格瑞（Luce Irigaray，1930年生人）自其主要著作《他者女人的窥镜》(*Speculum.Spiegel des anderen Geschlechts*，1980；法文版，1974)开始，提出了一套有关性别区分的女性哲学理论，并援引拉康以及德里达的思想，将其导向了一种伦理学[《性差异的伦理学》（法文版，1984年；*Ethik der sexuellen Differenz*，1991)]。在这一伦理学中，伊利格瑞将不可替代的女性经验视为构成女性特有权利的基础。朱丽娅·克里斯蒂娃（Julia Kristeva，1941年生人）也借鉴了心理分析的方法以及拉康的理论，从符号学的角度反思了性别差异，即身体与语言的差异[《面对自我的陌生》(法文版，1988年；*Fremde sind wir uns selbst*，1990)]。

朱迪斯·巴特勒（Judith Butler，1956年生人）提出了一套极端的倡导女性自由的理论［《身体之重：论"性别"的话语界限》（英文版，1993年；*Körper von Gewicht. Die diskursiven Grenzen des Geschlechts*，1995）］，并将其与福柯的权力分析结合在一起［《权力的精神生活：服从的理论》（英文版，1997年；*Psyche der Macht. Das Subjekt der Unterwerfung*，2001）］。

随着社会发达程度的提高，人类变得越来越长寿，并由此产生了"老年伦理学"。学者们尝试在此学科范围内，对这种不论对于个体还是整个社会而言都是全新的生活环境中出现的问题与机遇进行分析。

除了大学之外，许多哲学"诊所"以及许多媒体上进行的哲学论坛都对伦理问题提供咨询。它们引起了对于哲学本身以及一些有关意义问题的解释更广泛的社会关注。特别是在统一后的德国，哲学/伦理学已经成为了中小学固定的教学科目，以培养学生的哲学素养，对其进行启蒙教育，并让学生可以一起获得生活上以及对于世界理解过程中一些最为基本问题的阐释。

目前，大脑研究以及神经生物学的发展引起了有关人类自由（或者是通过神经测量得出因果关系）的激烈讨论——这也确实是哲学最为经典的基本论题。在我们（自）以为自己在自由行动之前，这些在大脑中的进程是不是已经决定了这一切？还是说对于自由与自主，人类的自决——这些道德、法律以及与其相关的我们的民主权利国家的基础与前提——可以进行系统性论证与辩护？